QIYE CHENGZHANGLI SHUJIA
企业成长力书架

服务力

体验经济时代的服务营销方法论

王念山◎著

中国财政经济出版社

图书在版编目（CIP）数据

服务力 / 王念山著. —北京：中国财政经济出版社，2016. 3

（企业成长力书架）

ISBN 978 - 7 - 5095 - 6592 - 6

Ⅰ. ①服… Ⅱ. ①王… Ⅲ. ①企业管理 - 商业服务 Ⅳ. ①F274

中国版本图书馆 CIP 数据核字（2015）第 318409 号

责任编辑：周水琴　　责任校对：张　凡

责任印制：刘春年　　版式设计：丁丁图文

中国财政经济出版社 出版

URL：http://www.cfeph.cn

E - mail：cfeph@cfeph.cn

社址：北京市海淀区阜成路甲 28 号　邮政编码：100142

营销中心电话：010 - 88190406　北京财经书店电话：010 - 64033436

北京中兴印刷有限公司印刷　各地新华书店经销

787 × 1092 毫米　16 开　13. 25 印张　145 000 字

2016 年 3 月第 1 版　2016 年 3 月北京第 1 次印刷

定价：40. 00 元

ISBN 978 - 7 - 5095 - 6592 - 6 / F · 5304

（图书出现印装问题，本社负责调换）

本社质量投诉电话：010 - 88190744

反盗版举报热线：88190492　88190446

P R E F A C E

前言

一提到营销，我们首先想到的就是产品。当然，产品的优劣对一个企业来说很重要，但是，只靠优秀的产品就一定能赢得用户的支持吗？

答案是否定的。因为，在互联网时代，各种产品的同质化现象，让用户逐渐将目光从产品上转移到了服务上。既然从哪里都能购买到同样的产品，用户自然会选择那些为用户提供优质服务的企业，这就是服务营销的由来。

目前，服务营销在我们的生活中，已经得到了广泛的应用。很多酒店的商家，会在会员生日的时候寄出生日礼物，为会员定蛋糕。这就是服务营销的具体体现，都能为企业的品牌形象加分。企业只有更加了解、熟悉服务营销，才能更好地为用户提供服务。这也是编写本书的目的，同时本书也让读者获得更专业的服务营销方面的知识。

服务营销是在人性的基础上升腾的一个营销理论，通过研究消费者的需求以及时刻关注消费者，给消费者提供一种优质、贴心的服务。此外，服务营销还能帮助企业营造一个良好的服务环境，让消费者在享受中完成购买行为。

为什么消费者会在不知不觉中完成购买行为呢？

根据马斯洛的需求理论，随着人们生活水平的提高，人们的基本需求已经得到满足，他们就会追求更高的需求。比如，被人尊重的需求、自我价值的实现等。服务营销就是基于满足消费者被尊重的需求而诞生的营销理论。下面来介绍一下这本书。

本书运用互联网思维来理解服务营销，系统阐述了服务营销的相关知识，帮助你深入了解服务营销，并懂得如何运用服务营销帮助企业实现二次腾飞。

本书共分为三个部分：

第一部分是告诉你怎样通过服务营销搞定用户。这一部分主要告诉你如何转变原来只卖产品的思想，教你怎么样从产品思想转变到服务思想，用你的服务来赢得消费者的心。另外，这一部分也会告诉你在这个互联网时代，应该怎样运用服务营销知识来满足消费者的需求。

第二部分主要讲在互联网时代，如何通过策划和设计进行服务营销。同时，也会告诉你怎样绘制服务蓝图、绘制服务蓝图的注意事项、建立服务的标准、评价开发服务的标准等内容，让你成功地进行服务营销。

另外，通过这一部分的内容讲解，你会更了解服务营销的标准、设计服务的流程以及服务流程设计成功的因素等。最重要的是，本书将会教你如何运用服务营销组合，让自己的企业更贴近消费者，获取更多消费者的好感。

第三部分告诉你实施服务营销的具体步骤，通过五种方法：服务文化、服务接触、服务传递、服务承诺、用户参与，让服务营销落地生花。

通读全书，首先会改变你那种只卖产品的狭隘思想，让你拥有服务营销的意识。当你了解了服务营销之后，你就可以将服务营销运用到企业的发展中，给企业注入新的发展活力。

C O N T E N T S

目 录

这是一个由用户主导的消费时代，企业所做的一些营销行为，都要以用户为中心。因此，企业要想成功进行服务营销，就要先搞定用户；用户感知到服务的好处，自然就会心甘情愿地掏腰包。

PART 1

服务营销以用户为本

第1章

“用户至上”：你得真心讨好用户

互联网时代的服务营销不仅要贯穿到产品从生产到销售的每一步，还要注重用户对每一个产品细节的感受，甚至是对每一句广告语的感受。无论是产品介绍，还是营销术语，所有的“讨好”行为，你都必须让用户觉得是出自真心的！因为，用户有N种方法确认你的真心！

第 1 节　信息搜集：信任是服务的第一要素

当消费者想要购买某一类产品时，最先会去做的事情是什么？绝大多数消费者都会先去搜集与该产品相关的信息，寻求最可靠、最符合自己要求的那款产品。

很多消费者到实体店购物，当看到自己喜欢的物品时，会不自觉地多看几眼。如果可以，他们还会用手去摸一下，甚至会试用或者试穿等，再结合营业员的介绍，以此判断该物品是否符合自己的需求，最后再决定要不要购买。

由此可以看出，消费者在逛实体店时，比较注重营业员提供的一些能够与物品“亲密接触”的服务，通过触摸等行为去实实在在地感受该物品，从而对该物品产生信任感，这样才会激发他们的购买欲望。那么，销售员就可以根据消费者的这种购买需求，提供相应的服务，从而获得消费者的认可。

例如，如果消费者在逛一家服装店，他们就希望能够通过触摸衣服来了解它的材质，再通过试穿看一下这个衣服是否合身，只有了解了这件衣服的所有信息之后，才能决定是否要购买。而如果逛一家销售电视机的门店，消费者会通过触摸电视机表层，大概了解一下该电视机的材质，再将电视机插上电，观看播放效果等，才能更多地掌握这个电视机的信息，从而判断该电视机是不是自己想要的。如果销售员满足了顾客的这些心理需求，并提供给他们想要的服务，将产品信息更好地传达给顾客，就会更容易促成交易。如果销售员只是一味地讲解，这样做只会让消费者产生一种反感心理，难以促成交易。

相对于实体店购物时的“逛街”行为，消费者在网店中的浏览往往更加细致，因为他们不需要花费太多体力。消费者在网上浏览商品，当看到中意商品的时候，都会仔细查看产品详情页上的每一个字、每一张图，然后会下意识地转到评论区，看看已经购买该商品的其他消费者对该商品作何评论。如果普遍都是好评，他们心里就会有一种安全感，从而对该商品产生信任感。而如果看到了许多差评，他们就会对该商品抱有疑问，很可能就会去搜寻其他的同类商品了。

从消费者的这种行为可以看出，消费者在网上购买商品时，由于不能通过触摸等行为去了解商品，就只能通过仔细查看商品的详情页、其他顾客的评论等来了解产品的信息，并判断该商品是否值得购买。

有一位在淘宝卖耳机的店铺生意非常好，每天都能卖出200多个耳机，这得益于他在信息介绍中让消费者对其产生了信任。他出售的产品介绍极为详细，从产品的外形、特点到耳机厂商的基本信息以及使用事项等，都有详尽的描述，并配有大量图片，力争让消费者对每一款产品都有一个最全面的了解。不仅如此，该店铺还有一个营销策略，就是消费者在购买并收到产品后，如果写出详细的产品评价，就可以获得一定金额的返现。因此，该店铺的评论区不像其他店铺那样都是无言的好评，或是千篇一律的简单评价，而是形形色色的评价，新的消费者看着这些前期消费者真实的体验感受，更容易对该店铺的产品产生信任感。

因此，卖家应尽可能多地将产品信息罗列在详情页上，让消费者更充分地了解产品的信息，如果可以，让其他消费者对该产品进行“夸赞”，这会让消费者迅速对该产品产生信任感，从而购买该产品。

由此可见，产品的相关信息对于消费者购买意愿的影响是十分巨大的。企业和商家如何满足消费者常用的信息搜集渠道，让他们对产品产生信任感，是服务营销的首要问题。无论实体店还是网店，传达给消费者完整的产品信息，同样重要，都可以影响消费者的购买行为。

但是，想要和消费者真正建立起信任关系，最根本的就是要摆正心态，摆正位置。实体店也好，网店也罢，呈现给消费者的产品信息一定要真实，不能“挂羊头卖狗肉”，也不能做一些不切实际的虚假宣传，对消费者的承诺，应有十足的兑现把握。虚假宣传的做法也许能让你获得一笔交易，但是，随之失去的却不止一位消费者的信任，而是众多消费者的信任。

第 2 节　消费决策：从“满意”到“乐意”

一位普通的消费者在购买手机时，无非是找个空闲时间，到手机卖场，寻找一款外形、功能、价格大致符合自己要求的手机，整体感觉还不错后，就决定购买了。而反观广大苹果粉丝，手机非 iPhone 不买，而且在新产品发售前，他们宁肯通宵排队抢购，为的就是能早一秒拿到心仪的产品。同为智能手机，为何苹果就这么让人为之疯狂？最主要的原因，就是其他品牌只是让消费者感到“满意”，而苹果却让消费者“乐意”去买。

让消费者从“满意”到“乐意”，是一个艰难的过程，为此，企业要付出很多努力，才有可能让消费者“乐意”。因为，在生活节奏非常快的今天，消费者对一件商品的喜爱度非常短暂，一个产品能令他们满意已属不易。

但是，只要有机会让用户感到满意，企业就应该去尝试。乔布斯花费了毕生精力才研制出苹果手机，这让他的粉丝们为之疯狂。一个企业若是打算长久发展下去，也应花更多的时间去研制一种能够令消费者感到“乐意”的产品。

虽然这需要花费很多的时间、精力、资金，但是，从长远来看，这个投资还是很划算的。因为当越来越多的消费者对你的产品感到“乐意”时，也就会对你的企业产生好感度，从而成为你的忠诚粉丝。

在这个商品爆炸的时代，仅仅让消费者满意是不够的，因为市场上的绝大多数产品都能做到这一点，想要占得先机，就要满足消费者的精神需求，让消费者乐意地去购买。实现消费者从“满意”到“乐意”的思维转变，简单来说有三个步骤：

1. 认知同化

传统的广告宣传，其出发点就是为了销售，而认知同化的出发点，则是站在消费者的立场和角度思考问题。企业在做营销推广时，不要过多地去介绍产品的优点，而要将宣传重点放在该产品能为消费者解决哪些难题、能为消费者的生活带来哪些变化等信息上。这种简单的视角转变，往往就能让消费者对产品有更大的认同感。

当消费者对一个产品产生认同感之后，就会乐意去购买，即使并不是很需要这个商品，也会很爽快地掏腰包。因此，企业不要为了宣传而宣传，而要多站在消费者的立场和角度考虑问题。只有明确他们需要什么样的产品和服务，你才有机会俘获他们的心，从而为自己赚得丰厚的利润。

2. 情感共鸣

许多企业开展营销活动，就是为了能多卖出一些产品，这种营销方式又怎么能感动消费者呢？企业不能将营销推广看作是一项任务，而要看作是给消费者提供优秀产品的服务。每个员工的言行作风，都会影响消费者对该企业的看法；企业对产品的宣传，也会在消费者心中留下相应的印象。因此，只要是与消费者有接触的行为，都要发自真心，并让消费者真切地感受到，这样才能引起消费者的共鸣。

企业与消费者产生情感共鸣，能让消费者对该企业产生友好的感情，当他再有消费需要时，就会首先想到该企业，即使其他企业的商品质量更好，他也会义无反顾地选择这家企业的商品。当你与一个消费者熟悉了，他就会很忠诚地选择你的商品；当你与很多消费者都混熟了，你就拥有了众多忠诚消费者的支持。

3. 行为引导

企业与消费者之间有了认知同化和情感共鸣之后，行为引导就成为一个自然而有效的过程。如参观演示、产品试用等，都属于行为引导的具体措施，在消费者认同的基础上提供产品体验，他们就能获得对产品的真实感受，并且在脑海中留下深刻印象，促使他们做出消费决策。

很多消费者都是非常被动的，也是盲目的，如果企业不主动用行为去引导其消费，即使他对该企业抱有好感，其他企业如果在他需要购物的时候做宣传活动，他就很可能会购买其他企业的商品。

因此，要让消费者乐意购买你的产品，就必须从上述三个方面进行引导。在同质化商品越来越多的时代，产品质量几近相当，因此企业应转变思维，不仅要让消费者对自己的产品感到满意，更要让他们从此乐意购买你的产品，这样，企业才能获得源源不断的收益。

第 3 节　购前评价：提供“让用户尖叫”的体验

通常来说，一个新产品在即将走向市场前，都会举行一定的售前推广活动。以汽车销售为例，汽车在销售前，会通过广告、车展，在色彩、声音、图像等方面呈现给用户感官体验，以此来吸引用户的注意。在汽车 4S 店中，这种感官体验会更加明显。一个良好的售前体验，会让产品同用户之间产生共鸣，使用户在心理上认同该产品。

在互联网引领的经济时代，用户的购前体验，无疑成为企业竞争的焦点，因为，它能“让用户尖叫”，从而引导用户购买该产品。一般来说，一个好的用户体验，需要具备以下三点：

1. 满足用户需求，让用户感知到好

用户因为有消费需求，才会购买产品，所以，产品要对用户有用。如果产品有新的销售卖点，而用户还不了解时，就务必要让用户感知到它的好，这样才能成功吸引到用户。否则，他们也不会买账。

曾经有这么一家电信公司，策划它的手机卖点是绿色无辐射。但是非常失败，因为卖点中的绿色无辐射，商家并没有为用户做出详细的解释，使得用户根本无法感知到它的好处在哪里。而大多数用户，更乐于接受更实在的东西——能够看得见摸得着或者能够证明它在无形中带给用户好处的东西。如果这家公司能出示相关证据或实验来证明它的手机是绿色无辐射的，并让用户感知到它的重要性，那么手机销售结果将会是另一番景象。

因此，再好的产品也需要用户的了解，否则就无人问津。一个只会善于发现用户需求的企业，如果生产出来的产品，不能让消费者感知到它的好，用户也不会知道这个产品能够满足自己的需求，就不可能会购买该产品，企业也不会因此获利。

2. 超出用户心理预期，带给用户惊喜

在购买产品之前，用户都会对产品有一个心理预期。企业不仅要满足用户的心理预期，还要超出用户的心理预期。

北京有一家酒店，在每个房间都配备了五种枕头，让不同的人有选择枕头的权利，从而更有利于客人的睡眠质量。每个客人对该酒店推出的这个举措，都感到非常满意。很多客人因为这个原因，在选择酒店时，只选择这家。还有些客人听说这个酒店提供五种枕头，便不远万里来体验一回。这家酒店的生意也因此非常火爆，并获得了丰厚的利润回报。其实，这只是一个简单的需求创新，却让客人在打开衣柜时，获得意想不到的惊喜。互联网的普及让用户能够轻易了解到很多信息，如果有些信息让用户感到新奇，并愿意去尝试，也就能为企业带来更多的用户。北京这家酒店，通过给用户提供惊喜，“让用户尖叫”，进而在互联网时代下赢得竞争优势。

因此，企业所提供的产品或者服务，如果能够超出用户的预期，就会让用户获得前所未有的体验，从而促成交易的完成，并能“收买”用户的心，使之成为忠诚用户。

3. 细节决定成败，完善细节，打动客户

俗话说，细节决定成败，产品服务也要在细节上打动用户。高档成衣定制在推销产品时，会免费为用户提供一套衣服，包括领带、衬衫、皮鞋等一系列配套装备，让客户在购买前就体验到全面、贴心的服务。

然而，有一些高档酒店，消费很高，如果要使用房间里提供的电脑上网，却需另附费用；飞机上头等舱的座位很贵，其提供的餐饮却令人难以下咽。这些企业虽然都在倡导顾客第一、用心服务，但是在服务细节上却差强人意，无法真正打动客户。

如果能够完善这些细节，用户即使花费了不菲的资金，也依然觉得值得。因为，有能力消费这些服务的用户，不会在乎价格的高低，他们在乎的是所体验到的服务。这样，企业既赚到了不菲的利润，也拉近了与用户之间的距离。那些因为在细节上让用户感到不满意的服务，企业应及时改正，不要“因小失大”。

总之，给用户提供好的消费体验，主要体现在用户对购前的评价上，因为，“第一印象”非常关键，往往影响用户接下来对产品或服务的体验度。

第 4 节　消费购买：真诚服务是关键

随着消费水平的提高，消费者的消费观念也在发生转变，由最初仅注重物质消费，逐渐向物质消费与精神消费的方向倾斜。消费者不仅需要满足生存的基本需求，更需要满足个人发展和享受的需求，特别需要一种能够让消费者从心里产生满足感的需求。

目前，消费者已经成为市场经济的主体，更多的消费者愿意为优质服务买单，而优质服务的基础则是真诚服务。因为，只有这样，才会站在消费者的角度考虑问题，从而为消费者提供更加优质的服务。

电商的不断发展，很多实体店开始转战到网上做销售，这让消费者在选择产品时，有了更大的选择余地，在一家店铺购物感到不满意，就可以随时选择到另外一家店铺购物。一般来说，消费者购买行为的发生取决于：商品能否满足需求，商家是否值得信任，支付是否安全，产品质量是否合格等。要打消用户的这些顾虑，只有真诚地为顾客服务，以顾客需求为中心，并满足顾客的心理需求，才能获得顾客的认可，进而树立良好的企业信誉，打造坚实的企业品牌。

海尔集团正是这一方面的佼佼者。

提到海尔，大家都会想到“海尔，真诚服务到永久”这句家喻户晓的广告词，而海尔集团也把“真诚服务”演绎到了极致。为了更好地服务用户，海尔建立了 HCSP 系统，将所有用户信息都准确、及时地录入 HCSP 系统。同时，工贸流通渠道会主动联系和了解用户的需求，以最方便的服务网点为用户提供个性化服务、设计最佳的服务方案。然后，再由服务网点给用户提供规范、增值的优质服务，并通过定期回访了解客户的需求，定期巡检，让用户安心使用。

海尔以服务用户为宗旨，利用网络建立用户服务系统，为用户提供方便快捷的服务，从而让用户更加喜欢购买它的产品，最终取得了市场竞争优势，赢得了消费者的认可，并塑造了良好的品牌形象。

实质上，用户购买的就是一个满意度，是对产品和服务的一种满意度。用户满意度已被国内外作为评价企业和商家产品质量的一个重要指标，由此可知，提高用户满意度是促进销售的关键。因此，要提高用户满意度，就要求企业真诚服务，并让用户感受到。

企业在发展和营销过程中，只有把真诚服务用户作为企业文化的一部分，诸如“顾客是上帝”、“顾客永远是对的”、“顾客是企业的衣食父母”、“顾客是公司最重要的资源”等，将其变成企业信条，这样就会获得顾客的满意，赢得更多顾客的支持。

很多企业不把真诚为用户服务当作一回事，认为这样做毫无必要，只要自己的产品质量够好，价格又优惠，自然会获得用户的喜爱和支持，根本不必担心产品销售不出去。其实不然，在同质化产品日益泛滥的时代，每个企业所生产的产品的质量都差不多，如果要打价格战，只会将一个产品“做死”，企业之间在价格上的争夺，会让用户越来越挑剔。最终，企业不仅得亏本卖产品，还得不到用户的支持，他们只会觉得本来就应该这么便宜，因为所有企业都在降价。

因此，只有向用户提供真诚的服务，才能够获得用户的支持。有了用户的信任与支持，你才可能把企业做大做强。

第5节　购后评价：赢得忠诚度的重要一步

用户忠诚是指用户对某种产品在使用之后感到满意，进而对该品牌或公司产生信赖，并希望重复购买一种心理倾向，它实际上是一种用户购买行为的持续性行为。

用户在购买一个商品前，会先主动了解关于该商品的大量信息，只有在完全了解这个商品之后，又能满足自己的使用需求，用户才会购买这个商品。不论是在购买还是使用过程中，消费者如果发现该商品在某些方面超出自己的心理预期值时，就会对该商品、企业或品牌产生高度满意度和忠诚度。

在消费者引领的买方市场条件下，用户忠诚度有利于提高企业的经济效益。因为，用户的忠诚度会带来重复购买行为，为企业带来更多利润；由于“口碑效应”，老用户的推荐会带来更多的新用户，减少企业的宣传费用，形成一种“企业盈利、用户忠诚”的良性循环效应。

随着互联网的普及，网络购物日益成为一种重要的购物形式。最近，爱逛淘宝的夏兰又淘到宝了，激动的她在姐妹圈中到处宣传介绍。原来她在淘宝网上发现了一个专卖皮具和包包的4皇冠店铺，该店铺的用户评价非常好。在了解之后她才发现，这家网店在北京已经发展成为一家规模较大的C2C/B2C的专业电子商务公司。它利用优质的货源来开发自身的网络品牌，进而打造出专业的网络购物团队；充分利用质优价廉的产品，为店铺宣传造势；并秉承诚信经营的理念进行店铺的运营；通过发掘店铺自身的优势，来满足客户的个性需求；同时建立网络社区群落，加强与客户之间的沟通，这使得这家店铺的好评如潮。该网店通过与顾客即时、持续地交流，进行感情培养，从而赢得忠诚度。此外，他们还实行会员制，通过优惠政策来提高顾客的忠诚度。

由此可见，这家网店通过自身过硬的产品质量和良好的服务模式，建立并提高了用户的忠诚度，得到了用户的一致好评，而这些好评又成为后续用户选择该网店的依据，这才让这家店的生意异常火爆。

网络购物，由于看不见、摸不着的特点，用户会更注重第三方评价，好的购后评价能够带来源源不断的新用户，同时也是用户和商家建立忠诚关系的开始。因此，只有服务好新用户，赢得新用户的忠诚度，让新用户逐渐变成老用户，再通过老用户优质的评价内容，吸引更多的新用户，才能最终使企业循环获利。

用户的购后评价作为销售的最后一个环节，企业一定不能掉以轻心，否则，即使在购前评价和消费购买环节做得非常出色，也会因为用户的购后评价不理想，造成用户流失，也就无法培养用户对企业的忠诚度，前面所做的努力也就白费了。

因此，重视用户的购后评价，这是赢得用户忠诚度的最后一步，因此应该更加谨慎地完成这个步骤，不要让“千里之堤毁于蚁穴”。

第2章

互联网时代，用户对服务的期望

在互联网时代，电子商务在人们的生活中得到了广泛应用，用户的消费观念、消费心理都发生着重要的变化。相应地，用户对服务要求也发生了变化，无论是服务态度上，还是服务方式上，都体现了用户对服务要求的提高。

第 1 节　完美，对服务的瑕疵“零容忍”

电商的迅速发展，使得越来越多的购物网站在网络上兴起，再也不是阿里巴巴独占鳌头的时代了。京东、当当、聚美优品等电商平台相继出现，还有一些实体超市也开始在网上开店铺，如大润发商城在网上开的“飞牛网”。而随着移动支付的普及，移动端的购物网站也慢慢占据了一片市场，如微商。

面对越来越多的购物网站、大同小异的商品，消费者将选择的目标逐渐转移到服务上面，越是完美的服务，越是能赢得消费者的喜爱。于是，这些购物网站也开始改变营销策略，为消费者提供越来越完美的服务，以赢得更多消费者的支持。

面对越来越完美的服务，消费者也被“宠坏”了，一旦出现些许的瑕疵，他们就绝对不容忍，转身就选择另外一家店铺。同样地，对于商家来说，在服务上面出现一些瑕疵，就会失去一部分顾客，如果不及时纠正这些瑕疵，生意就会越来越惨淡。

那么，消费者究竟对哪些服务持“零容忍”的态度呢?

1. 客服态度冷淡

当消费者主动与客服聊天时，消费者是偏向于购买该商品的，只是还有些疑问需要客服人员进行解答。这时，如果客服人员的态度不热情，甚至比较冷淡，就很可能会浇灭该消费者想要购买该商品的欲望。

因此，作为一名客服人员，必须时刻保持饱满的热情，认真对待每一位消费者的提问，这样才能让消费者满意，进而购买商品。

在消费高峰期时，如周末、节假日或双十一时，购物网站的老板，一定要及时增加客服人员的数量，以满足消费者的咨询需求。

如果所咨询的消费者还是很多，客服来不及及时回应，也应设置一些快捷回复短语，如“正值咨询高峰期，请稍等片刻！一有时间，一定马不停蹄地为您效劳！您可以自助下单，今天全场 8 折呢”等，表明客服很忙，并且会尽快回复，这样做，消费者才不会觉得被忽视。

所以，客服人员对待消费者的态度一定不能冷淡，这是将消费者向其他店铺推的表现，这样只会让自己的店铺越来越冷清。这个服务上的瑕疵，客服人员一定要避免。

2. 支付种类偏少

很多商家容易忽视这个问题，其实，支付种类的多少，也影响消费者是否购买该店铺的商品。随着支付方式越来越多，不同的消费者习惯使用不同的支付方式，如果支付方式太过单一，即使消费者已经拍下该物品，如果没有适合的支付方式，也会造成该笔订单流失。

所以，商家一定要设立多种支付方式，以满足不同消费者的支付需求。目前，各大购物网站所使用的支付方式为银行卡、信用卡、支付宝、财付通，以及货到付款等，还有一些支付方式是在独有的购物网站上才会出现的，如淘宝的花呗、天猫宝支付，京东商城的白条支付等。

一个店铺支持的支付方式越多，越能够吸引更多的消费者购买。这是一个很小的细节问题，却也能影响店铺的销量。支付方式少这个服务瑕疵，商家也应尽量解决，以吸引更多的消费者。

3. 发货速度慢

还有一些商家发货速度较慢，一方面认为，反正消费者都已经付款了，慢点发货也没关系；另一方面就是需要发货的商品太多，没有及时处理妥当。

无论是哪个原因，都会引起消费者的不满。消费者即使已经完成付款，但是发货慢的话，也有可能会退款，这样就丢掉了一笔生意。另外，如果超过 72 小时还未发货的话，消费者就可以投诉，卖家是要进行相应赔偿的，无论是退货还是投诉，对商家来说，都会影响店铺的销量。因此，商家应该及时发货，不要因此而影响消费者的购买热情。

如果出现需要发货的商品太多，应及时跟消费者表明，或者增加员工连夜发货。还有一些商品属于预售商品，务必要在详情页上写明“预售”二字，消费者购买之后，也应再次提醒，以免造成不必要的误会。

4. 未能及时处理售后问题

有一些商家会忽视售后问题，认为一单生意已经结束，就没必要再花那么多时间与精力去处理售后问题。抱有这种想法的商家，只会让他的店铺生意越来越差。

首先，售后问题是商家承诺给消费者的权益，务必要严格遵守，全力为消费者解决售后问题。其次，这些已经购买此店铺商品的消费者，也可能会二次消费、三次消费，或成为该店铺的忠实购买者。

但是，如果不能妥善地处理好消费者的售后问题，他们就不可能会再次光顾该店铺，更不可能成为此店铺的忠实购买者。售后问题不是小问题，是影响能不能留住回头客最好的方式。毕竟，一家店铺的销量不可能全靠新顾客，这些老顾客才是支撑店铺发展的源泉。

这四个服务的“瑕疵”，是消费者最不能忍受的事情，商家在为消费者提供服务时，一定不能忽视这几个细节。只有做好细节服务，才能赢得客户的忠诚，带来更多的客户。

第 2 节　简约，服务流程的简单快捷

时间就是金钱，效率就是生命。在快节奏生活水平下的人们，总希望在有限的时间内做更多的事。所以，传统的服务模式已经无法满足人们对服务的要求，人们需要更加简单快捷的服务流程。

在网络经济时代下，网络信息化服务，能够突破传统服务中的时间、空间限制，让用户能够获得更加便捷、及时的服务。另外，网络信息化服务也能节省用户的时间和精力，提供规范、高效的信息，并针对用户不同的需求，最大限度地满足他们。

一台电脑，一根网线，即可满足人们的日常消费，如此简约的消费方式，自然会受到消费者的青睐。因此，相比传统的购物方式，人们会更倾向于网络购物。因此，作为经营互联网购物网站的商家，也应该使用同样简约的服务方式服务消费者，让消费者体验到更加简单快捷的服务流程。

在网站上有一家网店的生意非常火爆，每天都能销售出许多商品。其实，这家网店出售的商品在很多店铺上都有，但

是，消费者却只认准这一家，这让人觉得挺匪夷所思的。

经过调查后发现，在这家网店进行购物，让消费者感觉非常舒适：简约的服务流程，让消费者既感到温馨又不烦琐，另外，消费者可以随意选择服务流程，这让消费者感到既便捷又舒适。

所以，凡是来过这家店的消费者，如果是购买同类产品，就不会再去别家店铺，使得这家店铺的回头客非常多。即使这家的商品比别家的商品贵一些，消费者还是义无反顾地选择在这家店进行消费。

由此可以看出，消费者非常喜欢简约的服务流程以及能够自主选择的自由，这其实就是在网上购物最大的优势。

但是，很多网店的商家却为了能够吸引更多的消费者，不惜将网店弄得十分花哨。他们往往在商品的图片上写很多字，如特价出售、全网最低价、不买会后悔等字眼，让人觉得非常庸俗。并且，一有消费者进店，他们就发一堆宣传商品的信息，让消费者感到不舒服。

这样的营销方式，必然会让消费者反感，他们也就不会去购买该店的商品了。这样的店铺，迟早得关门。

因此，要想吸引到更多的消费者购买自己的商品，就要做到以下几点：

1. 详略得当的商品详情页

详情页的介绍应该简单明了，只要准确说出物品的各个特征，以及使用说明、禁忌即可，不需要长篇大论地说一些不相关的事情，不重要的内容就一笔带过。毕竟，每个商品都有独特的卖点和功能，只需详细说明这些内容即可，消费者也只会详细看这些内容。如果所有内容都写得非常详细，只会让消费者感到厌烦。

有些商家为了能够让消费者在店铺停留的时间长一些，不惜做很长的详情页。但是，这样做的结果只会适得其反，太长的详情页，只会消耗掉消费者的耐心，容易造成超高的跳失率。因此，详略得当的详情页，是最合适的，既能准确说出商品的特性，又不会让消费者觉得非常啰唆。

2. 简洁明了地回答消费者的问题

在回答消费者的问题时，也应简单快捷，只要完整、清晰地回答消费者当前的问题就可以，不要一下子给出太多答案，或推荐其他商品等，这样只会让消费者觉得你是在复制答案，而不是用心在跟他沟通。

很多消费者在向客服问问题时，其实他们在心里已经是想购买该商品了，不需要客服再去引导其消费。这时，客服只要简洁明了地回答消费者所问的问题即可，如果确实有优惠活动，可以告知消费者，记住，只需提一句即可，消费者如果觉得划算自然会加快他的购买进度。

但是，也有些消费者根本不在乎什么优惠活动，他只要认准一个商品，不管是什么价格，他都会购买。所以，即使有优惠活动也不应用大段文字去说明。

3. 提供一站式服务，让购物流程更加简单

简化支付流程，提供快捷的售后服务，都会让消费者感到满意。为此，商家可以提供一站式服务——从货款支付到后期的售后等问题，消费者都能快速找到解决方案，不需要找不同的客服去解决。

每个电商平台上都有快捷支付方式，这让支付变得更便捷，商家应

开通这一功能，以方便消费者使用，提高用户的购物体验。

许多消费者在网上购买商品时，最担心的就是售后问题。如果商家能够提供一站式、快捷的售后服务，一定能赢得消费者的支持，从而提升店铺的销量。

在互联网时代，各大购物网站要想在网络经济的时代下屹立不倒，那么，顺应时代发展的要求、满足客户的需求、为客户提供简单快捷的服务流程是必不可少的。

第 3 节　极致，超越用户的期待

消费者眼中的服务是什么样的呢？大部分消费者都会认为，服务就是满足需求，而优质的服务就是满足需求的同时还能超越需求。由此可以看出服务的三个层次：第一层，了解消费者的需求；第二层，满足消费者的需求；第三层，超越消费者的需求。

事实上，了解消费者的需求并满足他们，只是基本服务，大部分企业都能做到，而如何去超越用户的期待才是终极目标。

Men’s Warehouse 曾经向《商业秀》的作者 Scott Mckain 推荐过他们的服装，但是，Scott Mckain 却从未买过它的服装。一次偶然的机会，让 Men’s Warehouse 拥有了 Mckain 这个忠实用户。

事情是这样的：有一天，Mckain 要到美国的一个城市给一群商业精英作演讲，这个演讲很重要，一定要正装出席。为此，Mckain特意准备了一套西装，但是，由于机场工作人员的疏忽，他的行李箱被放在了另一个航班上。

演讲时间逐渐临近，Mckain根本来不及等下一个航班的到来。这时，他突然想到Men’s Warehouse的男装品牌店，想着这家店离演讲的地点较近，就想碰碰运气。于是，Mckain便试着给该店铺打电话，并说明了原因。Men’s Warehouse在接到Mckain的电话之后，根据他提供的信息迅速做出反应，立即着手赶制西装。

由于Men’s Warehouse的制衣技术的确精湛，加上它能立即对顾客的要求做出回应，很快便向Mckain提供了质地非常不错的藏青色和炭黑色两套西装供他挑选，同时还准备了领带、衬衫、皮鞋。而这一切都刚好赶在演讲开始之前，完全超出了Mckain的预期，这让他又惊又喜。从此，Mckain对这个品牌推崇备至，成为其忠诚客户。

Men’s Warehouse很好地做到了服务的三个层次，不仅满足了用户的需求，还超越了用户的期待，才为其带来忠于其品牌的长久用户。在互联网引领经济发展的时代，想要获得用户的认可，企业就需要将这种超越用户期待的服务做到极致。

如今，现代的服务理念是追求极致，不仅要满足消费者的需求，更要发现消费者的潜在需求。

企业要想提供给用户基于现实心理需求的服务，满足用户的潜在心理需求，超越用户的期待，将服务做到极致，企业就要首先了解用户的现实需求。

因此，企业可以通过提问等方式，来了解用户的现实需求。另外，善于倾听，深入挖掘用户的潜在需求，建立用户数据库也是不错的方法。最后，企业应结合自身优势，利用数据库信息，将用户的需求引导到自己有优势的产品上，这样就能超越用户的期待，才能让企业长久发展下去。

第 4 节　免费，花最少的钱买最好的东西

Scott Mckain 的《商业秀》里面有这样一个故事：

拉斯维加斯有一家酒店，这家酒店与机场中间隔着一条大概 40 分钟路程的沙漠路，每次当顾客退房并结账完毕准备离开的时候，酒店就会免费为顾客提供两瓶饮用水。这些客人驾车去机场，行驶在荒漠中时，会因为天气很热而感到口渴，这两瓶水则刚好派上了用场，立刻让客人对这家酒店产生了非常不错的印象。其实，这两瓶水根本不值多少钱，但是由于它超出了顾客的预期，让客户感到满意，才赢得了顾客对这家酒店的青睐。这家酒店免费提供水的服务，让客户感动，从而抓住了客户的心，也就抓住了客户的金。因此，这家酒店的回头客特别多。

免费，只是企业的一种营销策略。企业通过提供一些免费的产品或是服务来吸引更多的客户，能够达到迅速吸引客户并提高客户忠诚度的目的，从而为其下一步营销作铺垫。

利用免费营销最典型的例子就是马云和他的淘宝网：

> 2003年马云宣布，淘宝网将在未来的三年里为所有商家提供免费服务，这是马云抢占电商市场份额、为下一步发展所做的一种营销策略。通过几年的发展，淘宝网已是众商云集，若再想在淘宝网上开店，就只有掏钱了。这就是淘宝网的免费营销策略，前期的免费服务让用户获得了利益，迅速积累了大量用户，为下一步营销活动赢得了先机。

消费者在购买产品前，心里都有一定的疑虑，而企业提供的免费产品或服务能够让他们更加了解产品，从而对产品或服务迅速产生信任感，利于他们做出购买决定。

在互联网上，有很多免费为用户提供大量软件下载的网站，有些优秀软件的累计下载次数已经超过千万次。软件提供商都依靠这些使用用户获得了丰厚的利益。

这就是免费营销为企业带来的回报，因为免费，才能吸引更多的用户，一旦拥有了更多的用户，利润也就随之而来。免费营销策略，让用户以为自己花费了最少的钱而买到了最好的东西，提升了其对企业的忠诚度，进而慢慢转变为优质用户。只要能够买到称心如意的产品或服务，他们往往愿意花高价，这也是企业获得利润的关键。

克里斯·安德森在他的《免费经济学》一书中说："我们正在进入免费时代，免费不再是商业噱头，而将成为经营的常态。"未来的时代将是免费互联网服务的时代，网上的一切都是可以免费使用的，新一代的人类将会使用免费网络服务长大，他们会因此改变世界。因为，人类都想花最少的钱购买最好的东西，物美价廉是人人追求的，免费服务也日益成为可能。

另外，免费会让人上瘾，每个消费者都喜欢占小便宜，当他们习惯了免费的产品或服务之后，就会对之产生依赖心理，期待该企业再次推出免费产品或服务。为此，企业也可以不定期赠送消费者一些免费产品或服务，来满足他们的这种心理，这样能够更加牢牢"拴住"消费者的心。

这样一来，消费者认为自己从中得到了最大的好处，以后日常购物也会首选这家企业。而对企业来说，仅通过少量的付出，就得到了众多消费者的支持，并成功转化为购买力，从中带来的利润也很可观。

因此，企业采取免费营销策略是非常合适的营销方式，既满足了消费者的期待，让他们认为自己花最少的钱买到了最好的东西，又能让企业从中盈利，是一种双赢局面。

第 5 节　个性化，一对一的服务

随着人们收入的增加，消费观念也逐步向品质的外在化、个性化、自然化方向发展，消费者所选择购买的商品，已不仅是因为其实用价值，更要与众不同，并拥有一些附加价值，例如，富于想象力、创新的产品就能轻易获得消费者的青睐。消费者对传统消费提出了个性化的要求，个性化消费已成为现代消费的主流。

在科技迅猛发展的前提下，产品种类越来越丰富，市场产品供大于求，买卖双方关系中的主导权已经掌握在消费者手中。科技的进步使竞争的方式和手段也不断发生变化，使得现代市场的竞争变成服务的竞争，因此，只有依靠优质的售前、售中和售后服务吸引和保持客户的忠诚度，才能最终在市场竞争中取得优势。

说到底，消费者需要的是个性化的服务，且贯穿在销售的各个环节，因此，最好能够实现一对一的服务，这样，在满足消费者的需求时，也能让他们感受到被重视的感觉。这种个性化的服务，将是拉开与其他企业之间距离的最好方式。

里兹－卡尔顿酒店是全球豪华酒店之一，它的服务管理理念也走在世界的前端。该酒店利用互联网信息技术，将顾客的有关资料输入网上顾客档案库，有了顾客数据库，该酒店就可以更加方便地向顾客提供更多个性化的服务。

例如，当一位回头客打电话预订该酒店的房间或是订餐时，专门负责这方面的预订部门的人员，就可以从网上找出有关这位顾客的个人信息，根据顾客之前的入住或者用餐信息，来判断他所喜欢的服务风格和方式等，再结合他这次的要求，就可以为他提供较为完善的服务。顾客获得超出他心理预期的服务，就会对这家酒店更加依赖。

这家酒店将所有顾客的信息进行搜集、整理，明确了每位顾客的不同要求，就可以对其进行一对一的服务，从而能够更好地满足每位顾客的需求。一旦让顾客习惯这家酒店的服务，顾客就会对这家酒店有很高的忠诚度。

服务创造价值已经成为业界共识，想要为用户提供一对一的个性化服务，最重要的方式之一就是建立用户数据库。因为，知己知彼才能百战不殆，这句话同样适用于服务行业。当企业建立了顾客数据库，对顾客的信息就会比较明确，也就可以针对不同顾客的需求，进行一对一的服务。这样，既满足了所有顾客的需求，又方便企业进行精准营销，对企业的发展很有利。

为此，企业可以在客户有服务需求时，主动创造与顾客交流的机会，获得真实可靠的第一手资料，并依托网络技术建立用户数据库。这样，不仅可以满足顾客当下的服务需求，也能根据数据库资料，在今后再次对该客户进行一对一的个性服务。这种个性化的服务理念和服务体系，能够让客户感到满意，并给客户留下良好而深刻的印象，商家也因此赢得竞争优势。

第 6 节　快速反应，让问题在第一时间得到解决

人们之所以热衷于网上购物，看重的就是它够快速，从浏览商品、下订单、支付完成只需几分钟的时间。这样的购物方式，非常适合快节

奏的生活方式，可以帮助人们第一时间解决他们的需求，也就能够获得他们的支持。

但在交易过程中，如遇到一些问题，可能会阻碍交易的继续进行时，商家应快速做出反应，让问题在第一时间得到解决。这样，就会赢得消费者的支持，提升回头客的数量。

我有一个表妹，在大学毕业之后没有去找工作，而是开了一家淘宝店。由于她是学电商出身，便非常有自信能够经营好淘宝店铺。于是，在刚大学毕业之后，她就大张旗鼓地开始为开淘宝店做准备。

时间一天天地过去，却不见她的店铺有任何动静。有一天，我闲来无事便找她聊天，当说到她的淘宝店的时候，她说她还没想好要卖什么。当时我很惊讶，因为她已经准备了快一年的时间，却说还不知道该卖什么。

就这样，又过了大半年，她的淘宝店终于开起来了，所卖的东西也没什么新意——女装。我想，这下她应该非常忙，也就不经常找她聊天。但是，前几天，我却在她的朋友圈看到她晒出自己出去旅游的照片。

出于好奇和关心，我便问她怎么有时间去旅游，开淘宝店不应该很忙吗？谁知，她的回答又再次惊呆了我：开淘宝店很轻松啊，代理别人的衣服，一键上传，就可以等顾客上门了，平时也只要在朋友圈或微博上多发表文章、做宣传，就能吸引到顾客了。

但是，看她整天这么闲，我又问道："如果有顾客前来咨询怎么办？"她嘿嘿一笑，说："设置自动回复就好了。"

于是，我就问她的生意怎么样，一天能赚多少钱。这下，她却没话说了，支支吾吾地说销量不好。听到这，我大概明白原因了，因为她太不关注顾客了，当顾客有疑问要找她时，她却用自动回复来应付顾客，顾客在第一时间得不到想要的答案后，自然就去其他家店铺了，她的生意怎么可能会好。

由这个案例可以看出，及时解决消费者的问题，才能让他们购买自己的产品和服务。尤其对于网购购物来说，更是如此。

因为在网上购物，消费者看不到物品的形态，也看不到卖家的表情，本身就会产生一种不安全感。当消费者在交易过程中存有疑问时，就会加重心里的那种不安全感。如果不能及时得到卖家的回复，消费者则会失去耐心，从而放弃购买行为。

因此，消费者在碰到问题时，商家应该快速做出反应，第一时间将问题解决。

当商家立即回复消费者的问题时，消费者的不安全感会减轻，才有可能赢得他们的信任，促成交易。但是，如果消费者在得到肯定的答复之后，长时间没有得到实际的解决，会让消费者的这种不安全感爆棚，甚至开始感到愤怒。

如果让消费者感到愤怒，那么，这个店铺也就长久地失去了这位消费者。如果这种情况一直持续，就会失去越来越多的消费者，久而久之，这个店铺的生意自然不会好。

反之，如果商家总是能在第一时间就解决好消费者的问题，就会获得消费者无比的信任。久而久之，消费者自然会越来越信任这家店铺，其生意也会越做越好。

所以，在交易过程中如果消费者遇到问题时，商家一定不能“卖关子”，要快速做出反应，并及时给予答复。毕竟，影响消费者购买商品的因素有很多种，可能是关于商品本身的，也有可能是购买的环境、商家的态度或者消费者自己的情绪等。

商家只有了解具体原因，才能对症下药，让问题在第一时间得到解决。否则，商家即使反应很快，如果问题处理不当，也会产生负面效果，同样会让消费者流失。

第3章

互联网时代，服务营销的十大误区

互联网时代的服务营销，是传统市场营销的特殊表现形式，作为一种新兴的服务形式，仅用传统的营销理念去运作是远远不够的。互联网时代市场信息瞬息万变，营销理念误区重重，稍有不慎，就会死得很惨。

第 1 节 网络看不见彼此，所以不需要微笑服务

消费者在购买产品时，最希望得到什么样的服务呢？绝大多数消费者在购物过程中都希望得到快乐，能够享受整个购物过程。

一个面带微笑的服务人员，会使用很自然、温和的语调和礼貌的语言，将积极、热情的情绪传达给客户，带动客户的情绪，让客户感到真诚、友好，让客户享受到购物的乐趣。因此，在实体店购物时，消费者喜欢看到面带微笑的服务人员，来为自己服务。

相对于这样面对面的服务沟通，在网络购物环境中，由于无法看到对方的表情和动作，只能靠文字来表达。那么，是不是就不需要使用微笑服务了呢？

一般来说，消费者在网上购买产品时，都会与客服人员进行一个购前交流，虽然说可能只是简单的对话咨询，但是，这些简单的对话与沟通，往往对产品的销售起着决定性的作用。一个面带微笑的客服和一个满脸愁绪的客服，他们敲打出来的文字效果是不一样的，前者会稍显活泼，让消费者感到愉悦，而后者的文字则较公式化，要么死板，要么捎带一些消极情绪，这会令消费者感到不悦。

微笑服务是服务人员良好的工作情绪和心境的展示，它作为一种人性化、高附加值的服务，在网络客服沟通中也起着至关重要的作用，是

必不可少的服务环节。

淘宝上有一家童装店，由于是自创品牌，生意一直很红火，月销售量近万件。这家店之所以做得红火，除了依靠过硬的质量，还有内部的微笑服务机制。

每个消费者浏览这家童装店的商品详情页时，都会发现在售后评价里，有关客服优秀、服务质量很好的语句有很多。消费者看到这样的评价后，就会对这家店产生好感，也会试着与客服人员聊天。如果发现客服人员的确服务很热情、周到，他们就会产生购买行为。

那么，这家店的客服人员都是怎么与消费者进行交流的呢？通过调查发现，当客户刚开始询问时，这家店的客服就给以亲切友好的问候，通过幽默诙谐的语句拉近与客户之间的距离，偶尔也会用表情符号来表达心情，感染客户，同客户建立基本的感情基础。

并且，这家店所提供的售前服务也很体贴，客服会根据客户的实际需求，提出一些中肯的建议，告诉客户怎么买最划算，用真诚服务打动客户。所以，该店铺的评论区，有很多评价都表示很享受同客服的沟通，并表明还会再度光临。

网络上的微笑服务，虽然不同于面对面的微笑服务那样真实直观，但是一样能够通过表情符号、文字让客户感受你的热情和积极的态度，进而引导客户进行消费。

因此，商家一定不要忽视网络上的微笑服务。只有面带微笑的客服才能打出活泼的字眼，并感染客户，带给客户一种快乐的购物体验，从而赢得更多客户的支持。

第2节　只把心思用在客户身上，用户无所谓

很多时候，有些商家为了提高销量，忽略了产品的使用者，只肯将心思花在客户身上，而不去管那些使用者，即用户的感受。这样就会陷入互联网时代服务营销的另一个误区，从而导致销量下降。

为什么会出现这种情况呢？我们先来分析一下客户与用户的不同之处，可以从下面这则故事中明白两者的区别：

> 有一个人在集市上看到了这么一幕，有个卖渔具的，将鱼饵全部制作成不同颜色、闪闪发亮的形状，他很好奇，便问这个卖渔具的："你认为鱼会喜欢这些鱼饵吗？"谁知，卖渔具的却没有正面回答他的问题，只是说："我可不是把鱼饵卖给鱼的！"

从这个小故事中，我们可以非常生动地了解到，客户与用户的区别，即客户是购买商品的人，而用户则是使用商品的人。在这则故事里，鱼是用户，人是客户，虽然是鱼吃鱼饵，但是，鱼却不会自己掏钱购买鱼饵。

这也是为什么商家会特别看重客户，而不在乎用户的主要原因。故事中这个自以为很聪明的卖家，便将目标客户群定位为人，做一些人类会喜欢的鱼饵，而不是鱼喜欢的鱼饵。他认为，掏钱购买我的商品的人才是上帝，只要吸引到他们就可以了，不必在乎使用者的感受。

然而，这是非常错误的想法，因为，产品最终是为用户服务的，即使该产品被客户买下，但是用户不去使用，这个产品也就只是个摆设而已，失去了作为产品的使用价值。还以上面这则故事为例，如果鱼不喜欢吃这种鱼饵，那么，人购买了这种鱼饵也就钓不到鱼，久而久之，也不会有人购买这种鱼饵，这个卖渔具的人的生意自然不会好。

并且，一个产品只有通过用户的使用，才能知道该产品成功与否。商家也才能从用户反馈的信息中得知该产品的优缺点，然后再对该产品进行加工改造、升级换代，让它成为更好的产品，再销售给更多的客户。

这种情况在互联网时代下的营销中最常见。很多中老年人不会使用电脑，他们的子女就帮助他们在网上购物。在这个场景当中，这些中老年人的子女是客户，而这些中老年人才是用户，是产品的使用者。

他们的子女所购买的产品，只有得到中老年人的肯定，才能促使这些“客户”再次购买该产品。所以，真正使商家生意火爆起来的人是用户，即产品的使用者，而不是掏钱的客户。因此，商家只有让自己生产的产品得到用户的满意，而不是只花心思在客户身上，才能获得源源不断的生意。

其实，在某种意义上，用户的重要性甚至超越了客户。因此，作为商家，不要再忽视用户的重要性了，只有提供其想要的、用户需要的产品，才能让生意越来越火爆。

因为，将心思花在客户身上，忽视用户的感受，只能带来短暂的利益，却会长久失去用户的支持。只有得到用户的支持，客户也才会愿意为之买单，商家才能长久盈利。

第3节　一视同仁，不关注眼前用户的需求

在互联网时代，商家应该针对不同的用户需求，提供不同的服务，这样才能满足每个用户的需求。而不应该将所有的用户需求，都看作是一样的，从而一视同仁地对待。

当有很多用户咨询一个商品时，客服可以设置自动回答来试探这些用户是否真的要购买该产品，如果是，再进行重点沟通，将关注点集中在眼前的用户身上。

这样，就可以让真的要想购买产品的用户顺利购买该产品，促成交易完成。如果还有时间，可以再回头与其他用户沟通，以挖掘潜在的购买用户。否则，一视同仁地对待，就会陷入本末倒置的误区当中，既浪费了时间，又没有促成成交，徒留遗憾。

另外，由于每个用户的需求不尽相同，所以，即使有一些用户真的打算购买该产品，也不应一视同仁地对待，根据他们各自的需求，区别对待会取得更好的效果。

1984年，迈克尔·戴尔创建了戴尔计算机公司。从其发展

至今，大多数产业观察家一直认为，戴尔计算机是世界上最大的计算机系统和产品经销商，以“零库存、零环节、零成本、个性定制”而闻名，是最早通过网上大量销售计算机的大型公司。

而事实也的确如此，戴尔计算机公司根据用户的不同需求，来设计和定制计算机产品，客户也可以通过在线互动系统，选择和设计自己所需要的产品和服务。当客户在线选择完毕之后，系统就会自动给供应商的制造系统发出信号，从而启动采购、组装和发送系统，为用户提供最便捷的一对一服务。

通过自动服务系统提供个性服务，戴尔的网上个人消费市场，每天的订单量高达3000万，并且比其他渠道卖出的计算机获得的利润高出30%。目前，戴尔产品几乎有近半是通过因特网销售出去的。

由此我们可以看出，戴尔计算机之所以能够获得如此大的成功，是因为它在制造时，就是根据用户的需求而设计和定制的，而不是为了满足所有人的需求。

并且，戴尔计算机所采取的销售渠道，也是通过适合用户需求的方式——因特网而销售的。因为，购买计算机的用户，也必定都会上网，通过因特网销售，能更精准地找到目标用户群。

就因为戴尔计算机懂得如何关注眼前用户的需求，并通过一些适合这些用户的销售渠道去做销售，而不是对所有的消费者都一视同仁，才使得戴尔计算机销量这么好，获利这么高。

毕竟，不同的用户所需要的产品是不同的。如果戴尔计算机对待那些经常使用计算机和根本不使用计算机的用户的态度都一样，那么，它设计出来的计算机，既满足不了前者的需求，也不会吸引到后者，这样的计算机就是失败品。

不同的产品是供不同的用户使用的。因此，商家在设计和销售一个产品时，应该针对该产品的目标用户群，去设计和销售，这样才能让这个产品获得成功。

总之，商家不应一视同仁地对待所有用户，而不去关注眼前用户的需求。根据“就近原则”，先关注眼前用户的需求才是正确的选择，毕竟，促成成交才是商家的最终目的。

第 4 节　让用户多听，不理会用户所说

消费者在购买产品或服务时，最想得到的是什么呢？当然，消费者的首要目的就是满足自身的使用需求。所以，企业营销的根本就是，销售那些能够满足消费者的产品或服务。

消费者在购买产品时，遇到更多的情况是，销售人员在拼命地介绍产品，以至于忘记客户的需求是什么，因此，销售的针对性就比较差，满足顾客需求的可能性就比较小，也就无法促成交易。

网络经济是高速运转的信息经济，使消费者的需求也趋于多元化，顾客对能够实现自己的消费需求的愿望也更加强烈。因此，要做好网络

营销服务，就要及时与顾客进行沟通，不要自说自话，只让用户听，而不理会用户说的是什么。

只有善于倾听的销售员，才能从用户所说的内容中，抓住重点，了解用户的真正需求，也才知道该从哪些方面来满足他的需求，从而促进销售的成功。

因为，每个顾客的需求会有差异，销售员一直在说的产品内容，未必是所有消费者都关心的内容。并且，让用户多听，而不去理会用户所说的，只会让用户感到自己没有受到足够的尊重，从而产生厌烦心态，最终导致销售失败。

在晓琳家附近，最近新开了一家便利店，看着规模还挺大，宣传也做得很到位。于是，一天下午，闲来无事的晓琳便去该便利店逛逛。这个便利店的商品比较齐全，这下买东西不需要跑很远的路了，晓琳这样想着。

当晓琳看中了一款洁面仪后，她便问销售员有没有优惠。销售员走到晓琳面前之后，就开始滔滔不绝地说这款洁面仪有多好多好，是在什么地方生产的，用的材料都是环保型的，又是由哪个明星代言的，等等。

听了几分钟销售员的介绍后，晓琳便打断他问价格能不能便宜。这时，这位销售员又开始滔滔不绝地说个不停，简直要把晓琳说晕了。

这时，晓琳的电话响了，原来是妈妈喊她回家。于是，晓琳再次打断销售员的话，询问这个洁面仪能不能便宜，销售员却还是答非所问。无奈之下，晓琳便走出了这家便利店，也没有买那款洁面仪。

这个案例中的销售员可能比较极端，但是，在生活中，只肯让用户多听，而不理会用户所说的销售员却大有人在。这样做，只会让消费者远离这家店铺。所以，在销售过程中要切忌这一点。

首先，大多数消费者在购买产品时，很难将自己要买到什么样的产品精确地描述出来，这时，销售员就要加强与客户的沟通，通过多倾听，来了解并挖掘出客户的需求，而不是只让消费者听。只有通过倾听消费者所说的内容，销售员才能了解消费者的需求，然后再围绕消费者的需求，对产品进行相应的介绍。这样更容易促成交易。

其次，在消费者的购买行为中，大部分需求是由消费者的潜在需求引起的，潜在需求具有一定的隐蔽性，需要深入挖掘。这时，销售员需要鼓励消费者多说，通过深入的沟通，了解消费者的潜在需求，再想办法满足消费者的潜在需求，从而促成交易。

最后，在整个销售过程中，销售人员是产品的“专家”，他们对自身产品的了解，胜于客户对该产品的了解。但是，一个产品它不会只有一种使用功能，不同的消费者购买产品的目的也不相同，比如一株植物，有些消费者购买是为了送人，有些消费者购买则是要自己栽培。

因此，销售员在不了解消费者对产品究竟是哪种需求时，一定要先听消费者说，当明确了消费者的需求之后，再对其进行引导，将客户的需求转移到自己的产品上来。这时，销售员就可以用专业的产品介绍，说服客户进行购买。

由此可以看出，多倾听用户说话的内容，比销售员自说自话的效果更好，也更容易促成交易。毕竟，消费者的需求决定着他购买什么样的产品，他不需要的产品，即使再完美，也很难打动他。

另外，每个消费者都讨厌一直说个不停的销售员，他们喜欢自主购物，不喜欢被引导。销售员应给予消费者充分的自由选择权，这样才会得到他们的认可与支持。

第5节　多承诺，多赞美，就算夸张一些也无妨

网络时代是消费者“坚持己见、积极为自己辩护”的时代，他们喜欢主动选择信息，并乐于进行双向沟通。另外，他们对于那些夸大且自吹自擂的广告也不“感冒”，反而更喜欢真诚有效的沟通和对话。

以网购为例，众所周知，信任是影响网络购物的一个重要因素，因为与传统购物模式相比，网络购物的风险较大。相对于实体店，网店毕竟是虚拟性商店，消费者能看到的也只是商品的图片，这种虚拟性使得网络购物的可靠性大打折扣。

消费者进行网络购物时，更注重的是店家的信誉与产品的质量。但是，很多网络销售人员在销售商品时，为了提高销量，不惜夸大自身产品优势，向客户做出很多不可能实现的承诺，最终只会适得其反，降低了客户的信任度，也影响了店铺的信誉。

韩国一家厨房用具公司，开发了一种小型微波炉——“凸

面烤箱”，产品质量相当不错。最初在做宣传时，他们选择在网上进行推广，并投入几十万元人民币进行广告宣传，并且，在销售过程中，他们也给予消费者各种承诺和保证。

但是，由于网络的虚拟性，消费者对看不到实质性好处的产品并不信任，市场一直打不开局面。后来，这家厨具制定和实施了互联网营销的策略：他们通过细致的调研发现了一些有影响力的家庭主妇的博客，这些博主们平时经常会把自己生活的心得写在博客上，如烹饪、相夫教子等，她们都有一大批同类的“粉丝”，这些博客的粉丝与这家厨具的目标客户完全一致。

于是，这家厨具的推广员找到这些博主，并免费送给每人一台微波炉，要求只是让她们在博客上写一些使用微波炉的心得以及利用微波炉烹饪食品的方法。结果，不到一个月的时间，就吸引了大批粉丝购买微波炉，销量一下子增加了几千台。

案例中，这家厨具转变了之前的宣传方式，利用其他用户的使用心得和赞美，来吸引更多的消费者，从而让销量开始暴涨。

其实，消费者都不喜欢“王婆卖瓜”式的营销方式，他们更愿意相信自己的眼睛，即看到一个产品在实际生活中所带来的帮助。这家厨具就利用了消费者的这个心理，让有影响力的博主们将他们使用微波炉的日常情况，每天写在博客上，让消费者们能够“亲眼所见”这个厨具的优点。

这样的营销方式，相比夸大其词的承诺与赞美，更容易被消费者所接受。这是人性的特点所在，每个人都不喜欢骄傲自大的人，对于广告商也是一样。所以，在给产品做广告时，尽量不要自己去夸赞自己的产品，而是让那些使用者去夸赞。

利用其他消费者的使用心得，来拉近产品与消费者之间的距离，会让产品销售得更好。无论是对于网购还是实体店的销售来说，学会让其他消费者夸赞自己的产品，永远都比“自吹自擂”的效果好。

第 6 节　交易过程能快就快、细节能省就省

互联网时代也是一个快速消费的时代，无论是消费者还是商家，都追求高效率，尽量以最少的时间解决最多的问题。

这是社会发展的必然趋势，加上互联网的影响，人们每天接触的信息太多太多，如果只沉溺在一个信息当中，就会错过其他很多信息。于是，每个人都希望做任何事都能快速完成，包括购物，消费者都希望能够简化交易流程。

因此，许多商家便想方设法将交易过程简化，甚至也简化一些服务细节，力争做到交易过程能快就快，细节能省就省。但是，这样做的结果会让消费者更加满意吗？其实不然。因为，高效的服务不等同于简化，有些服务细节在简化之后，会使整体服务质量下降。

1. 服务细节简化了，使得服务不再具有完整性

一个完整的服务才能令消费者满意，如果一味地简化服务细节，使

得服务不再完整，那么，也就失去了该服务原本的意义。消费者花费金钱是为了享受服务，对于不完整的服务，他们是断然不会接受的。

因此，在简化交易过程方面，一定要在保证服务的完整性的情况下进行简化。不要为了简化而简化，很多服务内容是不能简化的，消费者想体验的，也就是那些不能简化的内容。

对于交易过程能快就快、细节能省就省的观念，商家应坚决摒弃，尽量做到让消费者充分享受到服务细节的同时，简化一些不必要的流程。例如，消费者去做足疗，按摩脚的时间和细节不能简化，可以在准备热水、整理床和被子等方面进行简化，让消费者能够尽快享受做足疗的乐趣。

2. 过分简化交易过程，容易造成混乱与不安全

在对交易过程进行简化时，一定不能将一些交易步骤省去，即使这能够让消费者的交易更方便进行。因为，将一些交易过程中的步骤省去，就很容易让整个交易变得混乱，从而出现安全隐患。

如在交易过程中，会设置一些安全检查，如检查消费者最终购买的商品种类与数量，检查所收金额与找出的金额是否正确等。这些步骤虽然很浪费时间，但却是必要的，一定不能进行简化。一旦进行简化，就会造成交易混乱，也会威胁商家与消费者的安全。

3. 过分简化的服务会让消费者享受到的服务质量下降

在交易过程中，有些步骤可能与交易没有太大的关系，但是，如果进行简化，就会降低整个服务的质量。比如，消费者与客服进行交谈时，客服使用的礼貌用语一定不能简化，如“亲，您好，请问有什么可以帮助您的”等话语一定不能简化。

不能直接就说“您看中了哪种商品，我们都是不还价的，你直接拍下就好”，对于这样的话语，消费者都是不喜欢的，会让消费者流失。

由此我们可以看出，在交易过程中，过分追求简化，其实并不能真正为消费者带来方便，甚至可能会让消费者产生抵触心理。所以，商家在对交易过程进行简化时，不要盲目，不要为了简化而简化。应该在保证服务质量和让消费者满意的前提下，对交易过程中的一些冗长步骤进行精简，这样才能达到理想的效果。

第 7 节　售前服务当然比售后服务更重要

作为消费者，我们都有过这样的经历：当我们走进一家店铺时，销售员会非常热情地欢迎我们，不停地为我们作介绍，也会尽量满足我们提出的一些服务要求。但是，同样的商品，如果是需要维修或是其他什么原因，导致需要售后服务时，那些原本对我们很热情的销售员，却变得对我们爱答不理。

商家之所以会觉得售前服务比售后服务更为重要，是因为他们只看到了眼前的利益，认为售前服务做得好就能吸引消费者购买商品，从而就能立即获得利润。但是，一个企业要想长久发展下去，就必须要重视售后服务。

因为，售后服务决定了这些消费者能不能再次消费，能否成为企业的忠实顾客。如果一个企业的售后服务非常差，它是吸引不了消费者进行长久消费的，即便售前服务做得再好，消费者也只会消费一次。当服务差的口碑传播出去之后，再完美的售前服务也吸引不了消费者购买你的产品了，企业只能自食其果。

因为，一个完美的销售过程，不仅包括售前服务、售中服务，更包括售后服务。并且，在一定程度上，售后服务比售前服务对消费者来说更重要。

目前，网购已经成为人们重要的消费方式，但是网店的虚拟性却让消费者产生一种不安全感，从而让消费者更加注重店铺的售后服务。很多情况下，只有当售后服务能够满足消费者的需求时，他们才会选择购买这家店铺的商品，尤其是对于大件物品来说，如家电、家装等。

王强准备在年底结婚，所以，最近在忙着购买家具、家电等。由于王强的家在小县城，大规模的家具店只有一家，王强和他的未婚妻去逛过一次，却没有看中的。

于是，王强便想通过网络购买这些家具、家电。由于是大件商品，价格都比较贵，王强足足在网上浏览了3天的时间，也没有下定决心购买。因为，他始终担心售后问题，毕竟，网络显得太过虚拟。如果商品后期需要维修，也不知道谁会负责。

直到王强看中了一套非常喜欢的音响，他便问客服关于售后的问题。客服人员在得知王强所在的地址之后，就告诉他，他所在的地方有一家专门的售后点，如果不放心网上售后的话，可以去那家售后点进行维修。

于是，王强便去了客服人员所说的地址，的确找到了这家音响售后点，经过询问，这家售后点也确实跟网上那家店铺有联系，一切都如客服人员所说的一样。这样，王强就放心地购买了这个音响。

并且，王强通过不断询问不同的店铺其售后问题怎么处理，在得到明确的答复之后再购买的方式，终于买齐了结婚所需要的家具、家电。

由此案例可以看出，售后服务作为营销中一个必不可少的环节，在交易中起着至关重要的作用，一定不能够被忽视。我们可以从这几个方面看出售后服务的重要性。

1. 售后服务是企业参与市场竞争的尖锐武器

当市场中的产品发展到一定程度时，产品同质化就越来越严重，企业只有完善售后服务，才能在竞争中脱颖而出，吸引消费者前来购买该产品。

售后服务作为企业营销的一部分，是市场竞争的利器，对企业的产品和服务走入市场，起着积极的推动作用，是企业在营销过程中体现差异化服务、提升市场占有率的一大法宝。

2. 售后服务是保证客户满意度与忠诚度的有效措施

随着网购越来越深入人们的生活，在网络购物过程中，无论在互联网技术上是多么的成熟，或者是在服务上多么的完善，商家的失误也在所难免。而完善、系统的售后服务则是商家有效处理客户投诉、保证消费者权益、提高客户对企业满意度的有效措施，有利于提高客户的忠诚度。

对于大件商品来说，后期的维修与保养是必不可少的，完善的售后服务就能让消费者感到满意，他们才能放心购买和使用你的产品。一旦他们习惯使用你的产品后，就会对你的企业有很高的忠诚度。

3. 售后服务是提升品牌竞争的有效方式

品牌形象是企业重要的战略财富，是消费者对某品牌总体质量的感受。在互联网时代，完善、系统的售后服务，作为企业与客户沟通联系的纽带，是企业的一种有效营销方式。

企业通过提供优质的售后服务，能够加强与客户的联系，提升企业的品牌形象，提高产品的信誉，扩大产品的品牌影响。因此，售后服务非常重要，作为商家，不要再陷入只重视售前服务，而不重视售后服务的误区当中去，这样只会让你辛苦吸引来的顾客在无形中流失。

由此可见，售后服务与售前服务一样重要，都是影响消费者是否购买该产品的重要因素。另外，完善的售后服务还能让回头客增多，是提升品牌竞争力的有效方式，商家应在售后服务方面多下功夫。

第 8 节　热情到死缠烂打

在平时休闲购物的时候，消费者都接受过不同店家所提供的服务，那么，面对多种多样的服务方式，消费者更喜欢哪种呢？通过对比会发现，在服务过程中，热情周到可以给消费者带来良好消费的体验，最受消费者的欢迎，并且能够促进和引导消费者再次消费。

所谓的热情服务，是指服务人员在提供服务的过程中，做到热情、周到、自然，让消费者感受到温情的服务，而不是例行公事般的服务，真正做到表里如一。但是，凡事皆有度，热情也应该有尺度。

因为，大部分消费者在消费过程中，都希望有一定的自主性和私密性，尤其是在互联网经济快速发展的今天，消费者对消费活动的自主性要求更高，过度的热情反而会适得其反，让消费者背上道德绑架的压力，很难让其产生再次购买的行为。

我有过这么一次网购经历：一次同学聚会，我负责安排今天的活动，所以早早就到了约定的地方。当我将一切准备工作忙完时，发现时间还尚早，我就用手机逛了一会淘宝。当时，我看到一双鞋蛮好看的，价格也不算太高，就问了下客服能不能再便宜些。就在我发完这条消息后，来了一位同学，我便去与他寒暄，无暇顾及买鞋的事情。但是，该客服却不间断地发消息给我，我只得简短回复：稍后，在忙。即使这样，差不多每隔半个小时，这位客服还是会给我发消息，一直贯穿整个同学聚会始末，惹得我那一帮同学都开玩笑地嘲笑我说："王总，业务真繁忙啊！"

碰到案例中如此"热情"的客服，用死缠烂打的方式去做销售，不仅不会促成交易，还会让消费者产生厌烦心理，远离这家店铺。

如今的消费者越来越喜欢在网上购物，除了因为网购的快速便捷，还因为在网上购物时可以随意挑选店铺和商品，无拘无束，不必像逛实体店一样，每走进一家商店，就要回答销售员的一些问题，让人很不自在。

在网上购物，消费者能够自由选择，可以不与销售员进行沟通，喜欢就直接拍下，不喜欢就再看看其他店铺的商品。然而，案例中的那位客服热情过了头，一直追着消费者询问，简直比实体店的销售员还让人讨厌。

虽然，在消费者引领的经济时代，对标准服务的要求之一就是“热情服务”，但是，这并不意味着销售员可以死缠烂打。过度热情的服务，是在感情上“绑架”消费者，让消费者产生“不得不”购买该商品的念头，这样只会让消费者感到很不舒服，当然也就不会考虑购买你的商品了。

商家为了吸引消费者，可以提供优质、热情的服务，但一定不能热情到死缠烂打。消费者对自己的消费需求有明确的认知，死缠烂打似的服务只会让他们感到反感。

总之，商家应该先了解消费者的心理需求，再为消费者提供热情的服务，一定要把握好“热情”的度，切记过犹不及，带来相反的效果。

第 9 节　小“问题”不需要处理，以后注意就行了

在互联网时代的服务营销中，一些商家只热衷于如何提高销量，对于服务中出现的一些小“问题”视而不见，认为这些问题没必要特别在意，最多以后注意点就可以了。殊不知，就是这样看似很小的问题，却会导致交易的失败，降低店铺销量。长此以往，只会让整个店铺的生意

呈直线下滑的趋势。

因为，这是一个细节制胜的时代。一个运营良好的企业，历来都重视服务，因为精细的服务可以给企业带来利润，尤其是在市场发展比较充分、利润空间逐渐缩小的情况下，优质的服务是企业获利的法宝，因此企业更应该注重每一个服务细节。

商家如果不注重这些服务上的小“问题”，就很容易错失良机。在网络经济时代，机会往往是转瞬即逝的，失去了这次，下次或许就再也没有机会了。

手机早已成为人们日常生活不可或缺的一部分，随着网络经济的发展，许多手机商家也开始进行网络营销。网上有一家专门卖老人手机的专卖店，曾经生意非常火爆，但是，在老人手机市场份额高速增长的情况下，这家店逐渐失去了往日的辉煌。

原来是这家网店在售后问题上面没有做到位，每次消费者收到已经维修好的手机时，总会发现手机上有很多脏东西，这让消费者感觉很不舒服。但是，这家店却认为这只是小问题而已，只要手机修好就行了。所以，这个问题一直都没有引起商家的重视。

因此，那些在这家店购买过手机的消费者，开始选择去其他店进行维修，慢慢地，来这家店购买手机的消费者也逐渐减少。由于这家网店没有重视服务中的细节缺陷，使得消费者无情地疏远了这家网店。

从案例中我们可以看出，不注重服务上的小“问题”，往往会让消费者失望，久而久之，就会失去消费者的支持，该店铺的生意也就随之低迷下去。由于网络经济的竞争非常激烈，店铺一旦失去消费者的支持，就有可能面临倒闭的风险。一次服务上的小“问题”没有得到及时解决，却让商家渐渐失去了盈利的机会，这个代价是惨痛的。

这种例子在生活中比比皆是，很多商家只顾眼前利益，不在乎存在的“小问题”，从而让小问题逐渐变成大问题，直至无法解决。为了减少这些失误，商家应认真对待每个小问题，并及时解决，不要等到它变成大问题时才发现事情的严重性。

商家所提供的产品和服务，归根结底都是为消费者服务的，制定出人性化的产品和服务则是商家的终极目标。如果这种目标不落实到每一个服务的细节中，那么这只是一句空话。网络经济时代的商家要想获得可观的利润，精益求精的细节服务是必不可少的。

第 10 节　开发新用户比服务老用户更重要

在互联网时代的服务营销中，商家会忙着提升店铺的销量，而忽视了一些事情的本质。如一些商家会陷入这样的误区当中：认为开发新用户比服务老用户更加重要。

商家之所以会陷入这样的误区当中，是他们只看到了新用户带来的利润，而忽视了那些回头客的购买力。所以，他们忙着开发新用户，却忘记要服务好老用户。

其实，对一个店铺来说，服务老用户比开发新用户更有好处。一方面，服务老用户比开发新用户各方面的费用要低。开发一个新用户，往往需要人力、物力、财力全部运用得当，代价较大。而服务一个老用户却只需通过发送一条慰问短信，或对一些商品稍加打折，都会让这些老用户感到满足，从而对该店铺更加忠诚。

另一方面，老用户的购买力比新用户更强。新用户在不了解一个店铺的情况下，是不会选择那些较大金额的商品的，而是购买一些刚需的、价格适中的产品。老用户则不同，他们已经对这个店铺有了一定的了解，并且对这个店铺的商品质量和服务等都比较满意，所以，他们会放心购买那些价格比较高的商品。

所以，商家不应该再抱有开发新用户比服务老用户更重要的态度了，否则只会让店铺运营陷入危机当中。

因为，一个店铺不是依靠新用户支撑的，而是那些老用户。当公司刚开业时，会通过各种渠道吸引新用户，如媒体宣传、送优惠券、购买广告位等，这些都需要花费高昂的费用。

当然，对于新公司来说，这些是必不可少的，因为它没有用户基础，必须要通过花费大量资金去吸引第一批新用户。当它拥有了第一批、第二批，甚至是更多批用户时，它就不需要再这样大张旗鼓地做宣传，去吸引新用户的注意。因为，它的老用户的购买力足以支撑企业发展下去。

由此可见，服务好老用户的意义多么重大，它不需要花费大量资金，只要公司对他们稍微重视一下，就能得到他们的回报。这是一笔只赚不赔的买卖，作为商家应算好这笔账。

因此，商家一定要维护好老用户。老用户如果维护得很好，他们就会将自己的亲朋好友介绍到店里来，从而为店铺带来源源不断的生意。

当这些老用户逐渐变成该店铺的“粉丝”之后，一旦该店铺有什么新品上线，他们就会去购买尝试。如果店铺给予这些老用户一些优惠特权，或者一些特殊的服务，他们则会变得更加忠诚，从而为店铺带来更多的生意。

其实，老用户与新用户同等重要。因此，商家一定不要陷入开发新用户比服务老用户重要的误区当中，要做到，既要积极开发新用户，又要服务好老用户，这样才能为店铺带来不错的利润。

这是一个服务至上的时代，用户对服务的需求越来越多，这也是一个不缺少服务的时代，每个企业都在努力为用户提供各种优质的服务。因此，企业要想成功地进行服务营销，就必须掌握服务营销的策划与设计技巧。

PART 2

服务营销的策划与设计

第4章

服务的开发与设计

随着经济全球化和新技术的发展，用户对服务的需求和消费观念都发生了显著变化。企业要生存下去，就必须开发新服务，为用户提供新的服务体验。无论是服务的类型，还是服务的过程，所有的营销策略都是围绕用户的需求而设计的。在互联网经济时代下，企业所销售的是服务的策划与设计。

第 1 节　互联网时代，服务设计的挑战

互联网时代，我们的生活已经因此有所改变，未来因互联网而不同。如新一代移动互联网、大数据、云计算、物联网等新兴技术的出现，让产品形态与品类丰富度发生变化，消费形态也快速变革等。新技术为顾客带来了新产品和新服务，并且改进了现有的产品，提高了服务质量，降低了生产成本。互联网给世界带来了非同寻常的机遇，同时也给新服务的设计带来了挑战。

服务是无形的，因此，很难向消费者精确地描述服务是什么。然而，在面对服务设计的挑战时，服务公司可以利用互联网的优势，在自己的购物网站上提供三维仿真模拟服务，让顾客预先知道届时能享受到的服务是怎样的，特别是那些动态的、三维的、全视角的画面，会给顾客带来身临其境的感受。

面对消费者需求的新变化以及新时代环境服务设计的挑战，美国“旧金山巨人队”开启了新的服务模式。巨人队在全美棒球联赛中虽然不是顶尖球队，但是，它却有一个一流的网站来为它的球迷们提供各种服务。

该网站具有完善的票务功能，当观众在网上购票时，不仅

可以轻易查知各种票价和出票情况，还可以模拟出每个不同座位的视野和视角，以便观众挑选座位。它与其他销售网站不同，不重于提供传统的折扣票，相反，它通过提供优质的服务，提高票价，取得了很好的收益。

相对于传统的售票服务，巨人队的网上售票服务，不仅让球迷节省了排队买票的时间，还利用网络技术将无形服务有形化，提升了消费者对服务的感知度。该队超过 1/3 的票都是在网上售出的，这在美国所有棒球队中名列第一。

美国巨人棒球队，在互联网普及的时代，能够基于用户需求的新变化，利用互联网设计出新的服务形式，才在同行业中取得了骄人的成绩。这也足以说明服务设计的重要性。商家要想让自己的店铺脱颖而出，就要打造出独一无二、尽善尽美的服务体系，这才是留住消费者最好的方法。

第 2 节　基于互联网思维，新服务的开发

我们所处的基于互联网、大数据和云计算的智能生活时代，已经实现了每个个体都能够时刻联网，各取所需、实时互动。互联网思维能给传统企业带来机遇：它颠覆了传统商业模式，开创了新型商业模式。

在互联网经济时代，传统服务营销中遇到了很多“瓶颈”，如用户消

费理念和消费需求的转变等，这就需要企业利用互联网思维开发新服务。

如今有很多商家都提供网上购票的服务，但是，美国“旧金山巨人队”的网上购票服务并没有止步于此，它利用互联网开发出了新服务。

巨人队建立了自己的一流网站，当球迷在网上购票时，他们必须提供本人的一些基本信息。这样，该网站就能够建立起一个球迷的数据库，当某个球迷再次在网上购票时，电脑就能识别出是谁在购买，从而与他进行交流。该购票网站还会根据某个球迷的特点、偏好推荐相应的比赛场次、看台和座位，极大地简化了服务流程。

巨人队还在网上提供电子球票，这种服务不受时间限制，顾客可在任何方便的时候，在网上购买到虚拟电子门票，然后在观看比赛前，到赛场门口的电子售票机上插上本人的信用卡即可取票。

美国加利福尼亚州法律禁止在实体售票处以高出票面价的价格出售门票，但是网上交易不受此限制。所以，球迷不仅可以在网站上购票，还可以在那里拍卖手头上多余的票。

服务具有不可分离性，服务的提供者和接受者共同影响着服务的结果。“旧金山巨人队”利用互联网来影响服务，让整个服务流程具有不可分离性，并为用户量身定制，提供个性化的服务。这有效改善了服务在时间上的不可储存性的限制，通过调整供应和需求，为用户提供更便捷的服务。

只有这样，才会获得消费者的支持，企业也才能生存下去。互联网时代是一个瞬息万变的时代，所有的东西都在高速运作，一个不小心，就会落于人后。为此，企业应基于互联网思维，开发新服务，以满足消费者不断变化的需求。

新服务的开发需要商家突破传统思维，运用互联网思维去思考消费者的需求，不是将之前的服务简单地转换，这样做是达不到理想的效果的。因为，这是互联网时代，只有符合互联网思维的新服务，才能适应这个时代，进而服务好消费者。

消费者通过网络购买商品和服务，所需的成本很低，商家也因此节省很多资金。但是，在互联网时代，消费者开始转移目光，从注重产品的价值转移到注重服务的价值上来。商家所要做的，就是利用互联网思维，实现用户至上、体验为王的消费理念，并让企业实现全部互联网化，用互联网的思维，改变传统服务的劣势，开发出新服务，为用户提供更多有价值的服务，进而满足他们对服务的需求。

总之，企业要想与时俱进，拥有忠诚的用户基础，就要转变传统思维，用互联网思维来开发新服务，真正做到互联网化，满足消费者不断变化的消费需求。

第 3 节　新服务的开发类型

随着用户消费水平的提高，用户对服务需求的标准、要求也越来越高，希望得到越来越多的新的服务体验。因此，企业应注重新服务的开发，以满足用户对各种服务类型的需求，这样才能获得用户的支持。

因为，用户的需求就是企业发展的动力，企业只有不断改进现有服务类型、开发全新的服务类型，才能满足用户的需求，才能让企业更好、更快地发展。

新服务的开发类型，分为突破创新型服务和渐进创新型服务两种。突破创新型服务是指有重大创新、能够启动新业务，或在当前的服务市场中引入新服务的类型；渐进创新型服务是指在服务产品线的扩展，改善服务的风格和形式的变化。

沃尔玛在电子商务方面颇有先见之明，早在1996年沃尔玛网店就已上线。但是，早期的沃尔玛网上商城，由于是独立运营，线上线下互不干涉，网店相对于实体店仅仅是一个补充渠道而已。

2010年，沃尔玛在实体店销售额连续两年持续下降的情况下，专门设立了全球电子商务部门，通过线上线下互相融合的模式，大大提高了消费者获得商品的及时性，给沃尔玛网上商城带来了巨大的客流量和销量。

目前，沃尔玛在电子商务领域的探索又进入了一个新阶段，借助移动应用玩转O2O，让线上线下实现深度融合。沃尔玛通过研发自有的APP与创新性应用，优化了购物流程，提升了消费者的购物体验；创造“混合渠道”，实现线上线下双向倒流。此外，沃尔玛还通过与 facebook 的合作，加强了与粉丝互动的体验、内容营销和服务。

沃尔玛的电商之路将新服务开发的两种类型都体现出来了，初期建立网上商城虽说是一种新业务的启动，但实质上仍是服务产品线的扩展，这包括后期电子商务部门的建立。而自主研发的创新应用、通过和知名网站合作加强与粉丝互动，是一种突破创新型服务。新服务的开发，为沃尔玛延续了零售之王的荣耀。

由此也可以看出，如果只开发一种服务类型，很难达到预期的效果。只有将两种服务类型相结合，取长补短，才能让企业的发展之路走得更加顺畅。

当然，如果企业不能很好地将两者一起运用，也要选择适合自己企业发展的服务类型，只有做适合自己的服务类型，才能取得成功。

总之，新服务类型的开发要结合企业自身的特点，适合企业的才是最好的。

第 4 节　对服务过程进行再设计

一般来说，消费者的收入越高，对服务的需求就越多，所以，随着人们收入水平的不断提高，消费者的需求结构也发生了变化。加上新科技的发展、服务功能的增加等，都会使现行的服务过程发生变化，这就要求对服务过程进行再设计。

在生活中，“看病难”的问题一直都存在，除了昂贵的医药费之外，挂号也不容易，往往要排好长时间的队，浪费时间。针对这一情况，医院可以升级挂号服务，通过互联网挂号预约，让没有时间排队的人能够通过微信、QQ 等网上社交软件，进行在线挂号预约。具体操作方法如下：

（1）在网上寻找你想要预约的医院和医生；

（2）选择所选医生的空闲时段并适合自己看病的时间段；

（3）填写挂号信息之后提交并确认；

（4）如需支付的挂号单就要进入支付界面付款，如无须支付的挂号单则直接预约成功；

（5）保存好发到你手机上的通知短信；

（6）按照预约的时间去医院就诊。

这是最普遍的网上预约挂号方式。然而，随着智能手机的普及，人们更倾向于通过手机预约挂号。为此，医院可以推出专门的手机 APP，或者在微信、QQ 等社交软件上建立专门的公众账号，用户只需添加该账号，就可以进行挂号预约，让用户可以实现随时随地预约挂号。

通过对服务进行再设计，可以让原本不利于用户使用的服务程序，变得更加简洁、方便，真正做到方便用户。通过这种改进，既不会耽误病人看病，病人也不会因为看病而浪费太多排队等候的时间；对于医院来说，不会再出现由于排队等候带来的拥挤情况，能够有更多的空间腾给急需治疗的病人，医生也能够妥当安排工作，提高工作效率。

这就是服务过程再设计的具体实施过程，能够有效减少服务的失误次数，缩短服务开始到服务完成的循环时间，提高用户满意度。总的来说，服务流程的再设计，一般有下面几个类型：

1. 简化服务流程

服务过程中多余无价值的环节，不仅会浪费顾客的时间，还增加了企业的营销成本。企业应简化服务流程，避免不必要的浪费。例如，某影院网站建立起一个影迷数据库，当某个影迷在网上购票时，电脑就会根据其特点、喜好推荐相应的电影场次，并在用户选定后，提示用户何时去观看影片最合适。这样就省去了用户去电影院选票、排队等候的时间，简化了服务流程。

简化服务流程是为了方便用户购买，缩短整个交易过程，同时也节省了服务人员的时间，从而可以为用户提供更多优质的服务。这是一个良性循环，可以不断提高用户的满意度，是服务流程再设计中的一个重要环节。

2. 自主、直接服务

自主、直接服务是指由顾客扮演提供服务者的角色，向服务人员提出服务要求，然后由真正的提供服务者将服务传递给用户，用户则可以享受到更自主、便捷的服务模式。

戴尔的直线销售模式就为用户提供了这种自主、直接的服务模式，用户可以根据自己的需求向戴尔提出自己想要什么样的产品，然后戴尔根据用户的需求，开始下订单并生产出符合用户需求的定制计算机，从而同客户之间建立了一种直接互动的关系。并且，戴尔还为用户提供全国范围保修服务，只需一个电话，用户就可以享受到直接服务。

这种服务模式能够让用户更加舒心，用户可以只选择自己想要接受的服务内容，不需要接受商家提供的附加服务。这是一种最能够获得用户欢心的服务模式，但是，如果运用不当，也会引起用户最大的不满。因为，当用户进行自主服务时，一旦出现重大服务失误，企业是难辞其咎的。

因此，企业还应根据自己的整体实力来选择要不要使用这种服务类型，或者可以让用户“半自助”，涉及一些重大问题时，还得由企业来作决定。这样，既能满足用户的需求，又能避免因用户的失误而造成重大损失。

3. 实体环境服务

用户在购买某种服务前，是无法感知到服务的结果的。服务的这种不可感知性，让服务提供者在进行质量控制时遇到了很大的难度，也给用户评价服务质量带来一定的困难。

为此，服务提供者可以利用互联网，通过模拟服务，使用户提前感受服务，以此改善服务的这种缺憾。例如，迪士尼乐园通过官方网站的数字虚拟化特点，使游客能够领略各种游乐设施的体验过程，让原本无形的体验过程，被有形化地体现出来，从而激发了人们对现实迪士尼乐园的游览需求。

服务过程的再设计，是为了满足人们不断变化的消费者需求。企业只有做好服务过程再设计，才能吸引更多的消费者。

第 5 节　新服务开发的四个阶段

现代企业的一切经营活动，都是围绕着如何满足用户需求这个中心进行的，所以，可以说新服务的开发，是企业继续发展的动力。

企业推出一项新服务要建立在对用户感知、市场需求和可行性的数据上，以及客观设计综合评定的基础上，不能片面主观。因为，如今的消费市场是以消费者为主导的市场，企业只有开发新服务，为用户提供一种全新的服务体验，才能获得更多的市场份额。新服务的开发是不能一蹴而就的，它需要四个阶段。

1. 导向阶段

由于企业本身都有其发展目标，所以，新服务的战略与设想必须服从于企业大的发展战略。毕竟，新服务的开发只是企业实现阶段性目标的一种措施，在新服务的导向阶段，企业应根据大的市场环境，制定出新服务的目标与战略，提出有创意的想法，再进行概念开发，为新服务的开发指明方向。

这是新服务开发的第一个阶段，它为企业确立了明确的服务开发目标，只有完善这个阶段，才能继续下面的步骤。

2. 分析阶段

新服务的开发会受到很多因素的制约，因此，企业在确定新服务的目标之后，就要对各方面的因素进行分析。为此，可以通过市场调研来确定新服务的可行性，明确内部财务情况是否能为新服务提供足够的资金支持，企业当前的技术水平是否满足新服务开发的条件等。

这些都是企业必须要分析的因素，会影响服务开发的各个过程。企业在这个阶段要做好全面、深入地方分析工作，这样才能及时发现企业的优势和不足之处，从而有针对性地设计出最适合企业发展的服务，完成新服务开发的目标。

3. 设计阶段

设计阶段，是企业通过服务蓝图的设计与检测之后，来确定具体的实施步骤。为了保证这个阶段的顺利进行，还应设计相关的营销方案，并进行检测，再次确保新服务方案的可行性。

另外，企业应对相关的工作人员进行培训，保证在服务试运行期间，他们能顺利为用户提供新服务，让用户获得最大的满足感。设计阶段是最重要的一个阶段，它承载了之前所做的全部努力，也会影响到后面的实施阶段，如果这个环节出现问题，将会对企业造成巨大的损失。

因此，企业应在这个阶段谨慎小心，力求在万无一失的情况下，再进行设计。这样，就能够最大限度地保证下阶段顺利进行，也不会让之前的努力白费。

4. 实施阶段

在这个阶段，新服务将被全面投入市场，为了保证服务的顺利实施，企业应在服务引进期进行全程监控，一旦发现有不妥的情况出现，可以及时解决，将损失降到最低。

另外，还应根据市场上对该服务的反馈情况，对服务提供过程以及所有配置的人员或营销组合变量进行相应的改变，使实施阶段更正规化，并从顾客的角度出发，强化服务质量。这样，服务才能取得最理想的效果——既能让用户满意，也能让企业从中得到更好的发展。

例如，酒店的服务流程就可以利用互联网的便捷来进行改善，开发新的服务种类，以便更好地服务客户。具体实施步骤如下：

（1）在预约方面。很多客户在预约酒店时，都会遇到一些问题，要么是酒店没有空房间，要么是没有停车位等，这让他们感到十分不便。在互联网时代，尤其是移动支付的出现，改变了人们的生活方式，传统酒店也应与时俱进，推出在线预约功能，无论是电脑端还是手机端，都能实现预约功能，并将酒店的全部信息公布在网上，包括地理位置、房间预订情况、有无停车位等，以方便客户选择。

不仅如此，酒店还应开发一些更方便客户使用网上预约功能的服务，真正将便捷服务做到极致。例如，不管酒店有没有专门预订的APP，都要在用户最常用的网络社交软件上建立可供预约的服务功能，这样会让酒店的生意更好，也能让用户预订酒店更加方便、快捷。另外，快节奏的生活，让很多客户的需求也在不断发生变化，几乎每个时间段都有需要预订酒店的用户。因此，酒店也要考虑到这个因素，应提供一天24小时的网上预约服务，以满足所有用户的预订需求。

（2）在客户住酒店期间。千篇一律的酒店服务让客户觉得毫无新意，如果要想生意火爆，就要开发新的酒店服务，来吸引客户。当客户在酒店期间，服务员可以提供别出心裁的服务，如叫醒服务，即了解客户的行程安排，并在合适的时间呼叫他们起床，同时告诉他们将要去的地方的天气如何，需要携带什么东西以及穿什么样的衣服合适等。当然这些信息内容应通过手机短信来发送，最好是发到客户预订酒店时使用的社交软件上，这样可以让客户自主查看，才不会显得太突兀。

这样的服务，会让客户觉得更加舒心，也能让客户更放心地休息，从而赢得更多客户的青睐。

（3）当客人离开酒店时。很多酒店都认为当客人离开酒店时，意味着一笔生意的结束，因此也就不再去服务客户。这样的想法是不对的，这非但不是一笔生意的结束，而是另一笔生意的开始，服务人员应做好善后工作，争取让客户下次还来光顾。

为此，酒店可以开发一些新服务来吸引回头客，如给老顾客打折，或者根据他们的需要，提供一些简单的服务或赠送他们正好需要的物品等，无论是线下还是线上，只要客户在离开酒店时有这个需求，就可以为他们提供相应的服务。这些简单的小事，不会浪费服务人员太多的时间，也不会消耗酒店大量的资金，却能打动客户的心，让他们从小事中体会出该酒店对他们的重视，从而让他们从心底认同这个酒店，下次再选择酒店时自然还会选择这家。

由此可见，新服务的开发应以客户使用时的便捷为准则，只要能够更方便他们使用，或者能给他们带来更好的体验，就是不错的服务。总之，只要遵循开发服务的四个阶段，就能更清晰地了解客户的需求，并为之提供更合适的服务项目。

第5章

绘制服务蓝图

设计一座大楼时，我们把建筑图纸称为“蓝图”。这些蓝图展示了产品的样图和制造过程中的一些具体规范。对于服务传递来说，同样可以用蓝图来描绘，并且用类似的方法设计，将服务更完美地呈现在消费者面前。互联网时代的用户需求结构，总在不断地发生变化，服务蓝图的绘制，有利于企业更好地了解用户需求，为用户提供最新的服务，以提升用户的满意度。

第 1 节　服务蓝图

企业应该全面了解用户的需求，这样才能为其提供满意的服务。但是，由于服务的过程是高度分离的，用户在接受服务的过程中，很容易迷失原有的感觉，因此企业很难把握他们的需求。

因此，为了更好地服务用户，企业有必要将服务过程中的每个部分，按一定的步骤画出流程图，这就是服务蓝图。

服务蓝图是站在顾客的角度，详细描画服务系统的图片或地图，服务过程中涉及的不同人员可以理解并客观使用它，而无论他的角色或个人观点如何。

服务蓝图不仅包括横向的客户服务过程，还包括纵向的内部协作，是描绘整个服务前、中、后台构成的全景图。其核心思想是“关注客户的服务设计”。

服务蓝图由两个要素组成：结构要素和管理要素。

1. 服务的结构要素

实际上定义了服务传递系统的整体规划，包括服务台的设置、服务能力的规划。

2. 服务的管理要素

明确了服务接触的要求和标准，规定了合理的服务水平、绩效评估指标、服务品质要素等，以此制定符合客户导向的服务传递系统，首先识别与理解客户的需求，然后对这种需求做出快速响应。介入服务的每个人、每个环节，都必须把客户满意作为自己服务到位的标准。

由此我们可以看出，服务蓝图是团队工作的结果，而顾客则是整个服务的对象。在互联网经济时代，企业利用互联网的优势进行服务蓝图的绘制，为企业的服务营销战略提供了一个新思路，加强了内部服务人员以顾客为重的服务理念，有利于新服务的开发与实施。

只有满足了用户的需求，企业才有发展的可能。通过绘制蓝图，能够将每一项服务立体地展示出来，从而减少服务在实施过程中可能会出现的一些瑕疵，让消费者享受到完美的服务，提高他们对企业的忠诚度。

第2节　绘制服务蓝图的作用

服务蓝图的建立为服务流程的设计提供了一种宏观和微观相结合的思维模式，企业可根据实际情况，对服务流程的整体、局部进行设计，甚至可以将一个服务细节放大，制作成新的蓝图并进行分析，通过以点带面的形式，提高服务质量。

在电子商务时代，送货上门服务成为一项极为重要的服务项目，促进了物流行业的发展。顺丰作为一家主要经营国际、国内快递业务的企业，本着“成就客户，推动经济，发展民族速递业”的经营理念，积极探索客户需求，不断推出新的服务项目，为客户提供快速、安全、经济、优质的专业快递服务。

为了向客户提供更便捷、更安全的服务，顺丰通过制定服务蓝图，推出新服务。在服务蓝图直观性强、易于沟通的优点下，顺丰有针对性地设计新服务，并通过不断分析蓝图，以改进服务过程。

就这样，顺丰逐渐建立起完善的服务流程，搭建自身的信息服务网络，通过自有的服务网站，大力推行工作流程标准化，不断提升员工的业务技能和素质，为客户提供更优质的服务。

这就是绘制服务蓝图的作用，能够让企业更加清晰地了解客户的需求，并迅速做出回应，满足客户的需求，从而赢得客户的支持。另外，快递物流的本质就是服务，而要提高服务质量，就要关注快递的服务流程与服务传递过程。

顺丰通过建立物流服务蓝图，为优化服务流程提供了一个清晰的视角。并且，通过服务蓝图的绘制，可以识别可能存在失误的潜在点，从而及时发现并解决。

企业通过服务蓝图的绘制，能够全面、深入、准确地了解所提供的服务的执行情况，进而通过完善操作程序，明确各部门的角色和职责，有针对性地开展员工培训，增进服务过程的协调性，更好地满足用户的需求。

不论是什么类型的企业，都可以通过绘制蓝图，让服务变得更加完善、令消费者更加满意。

第3节　绘制服务蓝图需要注意的六大问题

企业在绘制服务蓝图时，首先需要关注的是什么呢？企业的营销服务中心点是用户需求，所以，企业在绘制服务蓝图时，首先应该关注的是了解用户的需求，然后再快速响应用户的需求，并将其深入到服务的每个环节以及细节当中，直至让用户感到满意。

由于在绘制蓝图时涉及的层次较广，企业需要注意这六大问题：

1. 明确绘制蓝图的服务目标

只有明确了绘制蓝图的服务目标，才能决定运用什么样的绘制过程，也才能完成服务蓝图的绘制。为此，我们可以通过提问题的方式，来帮助我们明确绘制蓝图的服务目标，例如，我们绘制蓝图的目的何在？想要达到一个什么样的状态？我们所主要关注的是服务的哪个部分？如何设置服务的起点和终点？

只有明确了绘制蓝图的目标，才能让接下来的工作围绕这个目标进行，不至于“跑偏”。因此，企业在绘制蓝图时，应先确立目标，不要认为这是浪费时间的工作，没有目标的指引，则很难绘制出合格的服务蓝图。

2. 谁来绘制蓝图

服务蓝图是团队工作的结果，包括前台、顾客以及后台员工的支持过程，而不是由某个人就能完成的。在绘制蓝图的过程中，所有相关人员也都是影响蓝图绘制的因素，也包括顾客。

所以，在绘制蓝图的过程中，所有参与绘制蓝图的工作人员，应与其他人（不论是企业内部的其他工作人员还是消费者）做好沟通，这样才能绘制出实用的服务蓝图。否则，如果不能满足消费者对服务的期待，再漂亮的蓝图也将毫无意义。

3. 同一张蓝图能否表现多个细分市场

企业在绘制服务蓝图时，可能会有这样的想法：同一张服务蓝图表现的细分市场越多，传达的信息就越多，所有的服务流程也就更全面。但是，这只是设想，在实际操作中，每个细分市场的服务过程或服务特征都不相同，而不同的细分市场，其蓝图的大小和功能也都不同。

因此，在绘制蓝图时，还要判断同一张蓝图能否表现出多个细分市场，然后再决定该怎样细分。经过充分鉴定之后，再决定蓝图的绘制，这样能够有效避免失误的发生。

4. 如何表现蓝图的细节水平

企业最初开发蓝图的目的，决定了蓝图细节水平的表现。如果当初设置的目的是在大体上表现出蓝图服务的性质，那么就只需绘制出一个轮廓，而不需要加很多细节；如果目的是用于服务再设计，那蓝图就需要表现得详细些。

其实，在整个蓝图的开发过程中，蓝图开发团队会帮助解决这个问题。只是作为开发者，也应充分了解并提醒开发团队，让他们绘制的蓝图符合你的预期。

5. 蓝图出现意外如何补救

服务蓝图在实施的过程中难免会出现失误，如果出现意外，直接在蓝图上进行修改，虽然比较简单，但是，长此以往就会使蓝图变得复杂、难以理解。为此，可以在蓝图上设置一个基本失误点，当修改太多时可以开发新的子蓝图进行补救。

这是补救蓝图最好的方式，企业应严格监督蓝图绘制的工作人员执行这一措施，避免因修改太多而使蓝图变成废纸，将企业的损失降到最低。

6. 绘制蓝图使用的符号

绘制蓝图所使用的符号并没有统一的规定，服务蓝图的绘制的目的之一就是直观、易于理解，所以，最重要的是符号要有明确的定义、使用方便。如果这些符号是要用于组织内部，就应该使用团队内以及各组织部门之间经常使用的符号。

总之，只有解决了这些问题之后，所绘制的蓝图才是切实可行的，才能达到预期的效果。这些问题，贯穿在整个蓝图的绘制过程中，不管处在绘制蓝图的哪个阶段，都应格外注意这些问题。

第 4 节　绘制服务蓝图的六个步骤

要想通过服务蓝图的绘制来提高服务质量，企业就要进行相关的调查研究，明确目标，了解绘制服务蓝图的基本步骤。

一般来说，蓝图的绘制需要经过以下几个步骤：

1. 设定一个蓝图的服务过程

使用目的不同蓝图的绘制也将不同，因此要设定一个蓝图的服务过程，首先要明确蓝图的使用目的，然后才能做出准确的判断，从而设定合适的蓝图服务过程。

因此，企业在绘制蓝图时，应先设定一个蓝图的服务过程，这样不仅能够加速蓝图的绘制，也能减少绘制过程中的失误。

2. 细分顾客服务经历

不同的顾客对服务的要求不尽相同，只有细分顾客的服务经历，才能对他们的需求有准确的了解，从而绘制出更加符合他们需求的服务。

3. 从顾客的角度来绘制服务

从顾客的角度来绘制服务，就是要完全以顾客的视角来看待蓝图，反映出顾客在购物、消费以及评价中所表现出的选择与行为。有时，所绘制的蓝图还包括顾客在购物前的一些行为上面，如顾客开车到某地购物，是否为顾客准备了停车位等。

这都影响着顾客对服务的满意度如何。因此，企业要站在顾客的角度去绘制蓝图。这样，绘制出的蓝图才能发挥出最大的效果。

4. 根据内部人员的行为来绘制服务

通过询问或者观察的方式，来绘制内部人员的日常行为，让每个工作人员明确自己的行为规范，知道自己有哪些方面还需要加强与改进等，进而为顾客提供更加完善的服务。

5. 将顾客、服务人员的行为与支持功能相连

通过连接服务人员与内部支持功能，能够反映出内部行为对顾客的影响，不管是直接的影响还是间接的影响，对绘制蓝图来说，都能起到

很重要的作用。

因为，这样可以让每个人起到应有的作用，可以更加明确蓝图的绘制过程，让蓝图中所描绘的每个人都紧密相连，从而保证服务的高效执行。

6. 有形展示顾客行为

最后，将顾客的行为有形地展示出来，可以利用照片、录像或幻灯片等方式，从而对绘制蓝图有一个整体的把握。

通过这六个步骤，企业就可以绘制出比较系统完善的服务蓝图，然后根据服务蓝图为顾客提供满意的服务，赢得顾客的信任与支持。

第6章

界定服务标准

服务营销最重要的就是界定服务标准，只有这样才能为顾客提供最适合的服务，才能满足顾客的最大需求。如果不去界定服务标准，很容易使服务变得混乱、不统一，从而降低了顾客对服务的体验度。

第 1 节　服务标准

俗话说："没有规矩不成方圆。"万事万物都有一个标准，服务也有一定的标准，这个标准就叫"服务标准"。

服务标准是指规定服务应满足的需求以确保其适用性的标准。例如，小明在咖啡店喝咖啡，服务员将咖啡端到他跟前，然后为他的咖啡放糖、加好奶精球。服务员的贴心服务让小明喝到了最佳口感的咖啡，服务员的这种行为就达到了行业服务标准。服务员用行业规范、标准，满足了顾客的需求，这就是服务标准带来的好处。

因此，无论是什么行业，都需要建立服务标准。它主要有这些好处：

1. 有利于保证消费者的服务需求得到满足

当行业有了服务标准，企业就会遵循这个服务标准，从而让服务更加规范化。当服务有衡量标准的时候，如果企业提供的服务不符合标准，必然会在激烈的市场竞争中出局。只有那些服务水平高的企业，才能为消费者提供更全面、更周到的服务，才能赢得消费者的信赖。

因此，服务标准既保证了消费者对服务的体验度，又能激励企业将服务做到极致。这是一个良性循环，对整个服务市场有巨大的推动作用。

2. 有利于树立企业及员工的工作目标和前进动力

企业需要有一个服务标准，因为这样，员工才知道什么样的服务是最好的，才知道如何朝这个方向努力。

如果企业对那些没有达到服务标准的工作人员进行惩罚，则更能激励他们认真执行服务。当然，有惩罚就有奖励，奖励制度也会让员工有更大的动力做好服务工作。

3. 可以改善社会的服务环境

当消费者了解了服务标准之后，他就会优先考虑服务水平较高的商家。而商家为了得到消费者的青睐，也会努力提高自己的服务水平，当所有的商家提高了服务水平，整个社会的服务质量也能得到提高。所以说，服务标准的制定能改善社会的服务环境。

服务标准的制定对消费者、企业内部以及整个服务环境都有益处。但是，服务标准仅仅依靠制度难以得到彻底的实施，它需要社会环境、受众、制定者的长期支持，只有这样，服务标准才能发挥最大的价值。

第 2 节　服务标准界定的五大原则

服务标准的制定，其目的是为了能达到消费者所渴望的要求，在确定他们的要求准确无误之后，再去努力执行以符合他们的要求。因此，制定服务标准应具备以下五大原则：

1. 确定性

服务标准必须明确、可量化。如规定微笑服务——必须露出“八颗牙齿”；接听电话不能让响铃超过三声等。只有让服务标准确定性，才能让执行更有效。否则，再好的服务内容也会因为服务标准的缺失而变得一团糟，从而让消费者感到失望，也会让企业的发展陷入困境。

2. 可衡量性

服务标准要能够衡量，如 96% 的电话都是在铃响第二声接听；所有四环路以内的维修服务都需要当天解决等。只有严格遵守这样的标准，才能有条不紊地为客户提供服务。

可衡量性便于服务标准更好地落实，也方便工作人员更好地检查自己的工作，还方便企业区分哪个工作人员的服务工作做得好，从而实行奖惩制度，鞭策工作人员更加认真、努力地服务消费者。

3. 可操作性

建立的服务目标应该具备可操作性，只有这样，服务标准才可以执行下去。比如，酒店制定的卫生管理条例，必须是简单且易于操作的，一个不具备操作性的标准，注定会被淘汰。

4. 准时性

服务标准应该有明确的时间限制，才有价值。虽然允许因不可抗拒因素导致出现时间拖延的现象，但是，绝不允许因为主观原因而出现无法准时为消费者提供服务的情况。

准时性是保证服务能够及时送达到消费者那里的必要条件，不管是怎样的服务，一旦出现不准时性，就会引起消费者的不满，企业之前所做的努力也会付诸东流。

5. 符合性

服务标准要与客户的需求相吻合。如果制定的服务标准无法符合顾客的要求，服务标准的存在就没有任何意义了。服务标准的制定就是为了满足客户的需求，所以，标准的制定应充分考虑到是否符合客户的需求，这样才能让标准发挥出它最大的价值。

只有满足这五大原则，服务标准才是一个合格、有效的标准。企业通过使用这个标准，才能够增强企业的服务意识，提高企业的服务水平，从而拥有更大的消费群体。

第 3 节　如何评价服务质量的标准

伟大的心理学家马斯洛先生按照人的需求不同，按优先次序将需求分为生理需求、安全需求、社交需求、尊重需求、自我实现需求五个层次。我们评价服务的标准，主要就是看能满足客户多少层次的需求。一般来说，评价服务质量的标准主要有以下五个方面：

1. 身心可感性

身心可感性是指提供服务的有形部分，如各种设施、设备、服务人员的仪表等，顾客正是借助这些有形的、可见的部分来评估服务的质量的。有形部分提供了有关服务质量的线索，同时也直接影响到顾客对服务质量的感知。

因此，企业应在设备上多花些心思，给顾客留下美好的第一印象，以增加他们对接下来的服务体验的好感度。

2. 安全可信性

安全可信性是指服务的提供者应准确无误地完成所承诺的服务内

容，应尽量避免服务过程中的失误，从而得到顾客的认可。这是服务最重要的质量指标。许多以优质服务著称的企业，正是通过强化服务的可靠性来建立声誉的。

3. 生活适应性

生活适应性主要是指反应能力，即随时准备为顾客提供快捷、有效的服务，包括对一些服务设施进行升级改造，给顾客提供更加舒适的服务。生活适应性还包括对顾客的各项要求，能予以及时的满足，以表明企业的服务导向，即把顾客的利益放在第一位。

4. 质量保证性

质量保证性主要是指服务人员的友好态度与胜任能力。服务人员拥有较高的知识技能和良好的服务态度，能增强顾客对服务质量的可信度和安全感。在服务产品不断推陈出新的今天，顾客同知识渊博而又友好和善的服务人员打交道，无疑会产生最大的信任感。

因此，服务人员不仅要做到企业要求的一些基本服务原则，还应在平时多积累一些知识，让自己既拥有礼貌、温和的仪态，又富有内涵，这样才能给顾客提供更加优质的服务。

5. 自我移情性

自我移情性是指企业和服务人员能设身处地为顾客着想，站在顾客的角度，努力满足顾客的要求。这就要求服务人员想顾客之所想，急顾客之所需，了解顾客的实际需求，甚至特殊需求，并尽最大努力予以满足；同时，服务人员还要给予客户充分的关心和相应的体贴，使服务过程充满人情味，这便是移情性的体现。

如果一个服务过程拥有这几个服务标准，它的服务质量则一定是最优的，也最能满足消费者的需求。当然，这些服务标准也可以用来评价一个服务的质量如何，如果连一个方面都没有达到，这样的服务质量必然是最差的。

因此，企业可以用这些服务标准来严格要求自己。顾客也可以用这些服务标准对服务人员提供的服务做出评价，进行实时监督。

第 4 节　建立适当服务标准必备的三大要素

综合素质较高的服务者、完善的设施，以及令人心情舒适的环境，这三个要素是建立适当服务标准所必备的，从主客观环境概括了建立适当标准的基本要求，每个要素有这样的作用：

1. 服务者

在服务过程中起直接、决定性作用的是人，即服务者，影响他们提供服务质量的是他们的综合素质，包括态度、技巧、能力等。

因此，作为服务人员，应严格要求自己，从各个方面培养自己的能力，这样才能为消费者提供满意的服务。

其实，无论是服务标准的执行者还是制定者，都要坚持“以人为本”。因为，无论如何完美的服务标准必须让人来执行，如果服务人员不了解服务内容或完全不懂，也就无法准确、完善地做出回答，更无法帮助客户解决问题。

2. 设施

无论哪种服务，都离不开完善的设施，后者是前者的物质载体。

服务特性能否达到、服务环节是否完善，与设施的水平密切相关。例如，你无法在空旷的大街上、在没有任何道具的情况下，给顾客提供温馨浪漫的服务。所以说，设施对建立服务标准的影响是非常大的，它决定着一个服务能否实现。

3. 环境

消费者都喜欢在舒适的环境中进行购物、旅行、饮食等，还喜欢在有序的环境中进行咨询、交流等活动。环境的安全、舒适、干净，是建立服务标准时必须考虑的，服务人员在建立适当服务标准的过程中必须慎重对待。

当消费者需要思考的时候，他不会选择去闹市；当消费者想要娱乐的时候，他不会选择去僻静的郊区。这就是环境在影响消费者的心境，同样，服务人员在什么样的环境中提供服务，消费者所感受到的体验也不尽相同。

因此，我们可以通过了解服务者、设施、环境这三大要素的作用，尽量掌控建立服务标准的全过程，制定出最适合的服务标准。

此外，作为服务人员，也应该了解这些因素的重要性，并在实践过程中不断提高自己的服务水平。

第 5 节　用户定义的服务标准

用户是我们的衣食父母，因此，我们应满足他们所定义的任何服务内容。只要不违反法律和道德标准，也在我们力所能及的范围之内，我们都应该无所不应，满足用户的所有需求。

不仅如此，我们还应主动为用户服务，使他们有宾至如归的感觉，让他们放心地使用我们的产品或服务。

那么，什么是用户定义的服务标准呢？

一般来说，通过对用户定义的服务标准的制定和实施，以及对标准化原则和方法的运用，以达到服务质量目标化、服务方法规范化、服务过程程序化，从而获得更加优质服务的过程，被称为“用户服务标准化”。

王先生因为工作原因再次到这个城市出差，也再次入住到某四星级酒店。刚进门，服务员就主动询问王先生是不是还需要住上次那个房间，在得到肯定答案之后，服务员就准备了他爱吃的食物、一次性剃须刀以及他爱喝的绿茶送到他的房间里。这一切，让王先生感到又惊又喜。

原来，在第一次入住时，王先生由于匆忙赶飞机，忘记携带剃须刀，但是第二天要参加一个很重要的会议，自己胡子拉碴的形象肯定不合适。于是，王先生只得让酒店服务员去超市买了一个剃须刀，并无意中说了一句，要是酒店有一次性剃须刀就好了。

另外，王先生并不喜欢酒店免费提供的茶叶，当服务员买完剃须刀送到他住的房间时，王先生又再次询问服务员有没有某个牌子的绿茶。可惜的是，酒店并没有提供王先生想要的绿茶，王先生只能无奈地摇摇头，并说明不希望晚上有任何骚扰自己的电话打进来。虽然服务员没有提供给王先生想要的服务，但都默默地记在心里，并希望下次能够为王先生提供他想要的这些服务。

这样的举动，让王先生非常感动，没想到自己在无意中说的话被服务员用心记了下来，并付诸到实践中。于是，以后他每次再到这个城市出差，都会选择入住这个酒店，每次入住都让他感到非常舒适和满意。

这就是以用户定义的服务标准来服务用户的体现。对于服务，每个用户都有自己不同的见解和需求，为用户量身定制一套服务，则能充分体现企业对每位用户的重视，从而赢得用户的支持，培养他们对该企业的忠诚度，也就能为企业带来源源不断的利润。

案例中的酒店所提供的服务，真正做到了以用户定义的服务标准，站在用户的角度，所做的一切服务都是为了满足用户的需求。这样的酒店自然会受到用户的追捧与支持，也会一直存在和持续盈利的。

毕竟，企业提供服务的出发点就是为了让用户满意，因此，以用户定义的服务标准来服务用户也无可厚非。而且，以此为服务标准来服务用户，既能满足用户拥有自主选择的权利，又可以省去一些服务的步骤。因为，很多用户想要的服务都很直接，不需要某些流程，只要结果让他们满意就可以了。但是，服务人员应该做到的是，不管用户提出多么小的需求，都要尽量满足，因为用户往往会从一个细节来判断服务的整体水平。

第6节　把用户需求变成具体行为和行动标准

企业为用户提供最好的服务，就是要把用户的需求变成具体行为和行动标准，来指导服务的内容和方向。这样的服务，才能得到用户的认可，也才是用户真正需要的服务。

海尔集团就是秉承着这样一个企业理念，才得以发展壮大，没有被后来品牌所击败，成为冰箱行业的龙头老大。

前几年，当其他行业都在打价格战时，海尔集团 CEO 张瑞敏率先在家电业推进零库存下的实现"客户最大盈利"的战略，通过建立社区店，配以建成的三专店体系，建立一条从以企业为中心到以用户个性化需求为中心的道路。

其目标是要做到零库存下的需求供给，也就是只要用户需要就能马上提供、用户不需要也不会有库存压力的一种供给状态。这样的战略方式，最大化地满足了用户的需求，同时又不会有库存压力，让企业能够在平稳发展中满足用户的使用需求。

海尔建立社区店，成立三专店体系之所以能够实现"客户最大盈利"战略，是因为这些体系是直接面对用户并满足用户的需求。当用户有购买冰箱的需求时，用户不需要去很远的商城购买，在自己家附近的社区店就可以购买得到，因此用户有更多的时间去挑选自己喜欢的冰箱，并且售后问题也可以得到及时解决。

如此方便的购买方式，自然为海尔赢得了更多的消费者，再加上零库存下的即需即供，形成了一个综合的销售体系，真正实现以用户个性化需求为中心的战略。

一群老客户们纷纷反映，贵公司直接面对我们，把我们最实际的需要，变成了贵公司人员的具体行动，真的做得非常好！不像某些企业，把客户永远放在嘴上，不放在心上，我们都愿意继续和海尔合作下去，并愿意保持长久合作关系。

由这个案例我们可以看出，以客户的需求为中心，并落实在具体的行为和行动中，对企业的发展来说，是多么重要。只有这样做，才能赢得顾客的支持，才能让企业得到不断的发展。

毕竟，服务不是靠说的，而是要看具体行动，用户只有从具体的行为和行动中才能感受到企业为他们付出的努力。一个只会说的企业，也许能吸引到用户一时的关注，但是长久以往，用户看不到实质性的作用——没有为他的生活带来任何便利之处，势必会抛弃这样的企业。

在这个市场竞争日益激烈的时代，用户的选择很多，对一家企业感到不满意，可以随时换另一家企业。但是，对于企业来说，服务好用户则是它唯一的出路，实力再雄厚的企业，没有用户的支持，也维持不了多久。

因此，企业务必要把客户的需求变成具体的行为和行动标准，不要只停留在嘴上或文档上，而应体现在实实在在的行动中，让客户感受到企业的真诚，这样才能获得客户最真诚的回报。

第 7 节　服务行为和行动的评估

当企业为客户提供一个全新的服务时，如何判断该服务或行为能够得到客户的满意，从而起到预期的效果呢？这就需要企业对服务的行为和行动进行评估，从客观的数据中分析，这个服务是否有做到位。

那么，如何设置服务行为和行动的评估标准呢？一般来说，从客户的角度出发，只要符合这两点，就表明该服务是客户比较满意的，并能为企业的发展带来帮助。

1. 客户是否因此而获得更好的服务体验

评估一个服务行为和行动的效果，最直接的方式就是，客户是否因此而获得更好的服务体验。如果企业提供给客户的新服务，让客户觉得比之前的服务更周到，让客户得到了更好的体验，就能判断这个服务的行为与行动为客户带来了积极的效果，可以继续使用下去。否则，企业所提供的服务，对于客户来说，就是毫无价值的。客户购买一个服务，就是想获得更好的服务体验，如果企业不能满足客户的这个需求，客户就会渐渐远离这个企业。因此，让客户获得良好的服务体验，不仅是评估企业所提供的服务行为和行动的标准，更是企业获得众多客户支持的根本原因所在。

2. 该服务行为和行动是否为客户带来了便利

一个好的服务行为与行动，除了能给客户带来一种更好的体验之外，还应该为客户带来许多便利，让以往烦琐的程序变得更加简单、快捷，但没有失去服务的完整性，这样的服务行为和行动就可以被称为优质的服务。

而如果一个服务的行为和行动，虽然能够让客户得到更好的服务体验，却需要付出很多的时间与精力，这样的服务行为与行动背离了方便的原则，自然无法使客户获得满意。

某公司为了给客户营造一种更好的服务体验，在走廊的尽头安排了一间休息室，里面陈设了各种饮料、食物，装饰也很赏心悦目，目的是让客户在爬完楼梯后可以美美地休息一下。原来，该办公楼一共只有4层，没有电梯，每次客户爬到4楼时，都累得气喘吁吁，甚至满头大汗。于是，公司便想出了这个方式，让客户因此而忘记没有电梯所带来的不便。以后，每当有客户爬到4楼时，就会有公司职员带领这些客户去那间精心安排的房间休息。刚开始时，这些客户以为公司职员要带自己去见公司的高管，也就跟着去了。可是，慢慢地，这些客户却不乐意去这间房间了，究其原因，这些客户一致认为来这里不是享受的，而是工作，再说，那个房间离走廊很远，本来就稍显疲惫的身体不愿意再折腾，何况坐一会儿还要去另外一间办公室谈工作，实在是很麻烦。

案例中的公司花费大量的人力、物力为客户安排了一间休息室，但客户却并不买账。因为，这个服务的行为与行动没有给客户带来便利，反而让享受服务变得更加麻烦，自然得不到客户的青睐。

综上所述，让客户在享受服务时获得良好的服务体验，同时又让客户觉得享受这种服务非常便利，就是评估一个服务行为和行动最好的标准。这样的服务也会深得客户的喜爱，从而为企业带来更多利润。

第 8 节　开发用户定义的服务标准的八个步骤

一个企业要想长久发展下去，就必须不断地开发用户。只有保证足够的用户数量，企业才有发展的潜力。那么，企业应该如何开发用户，开发用户定义的服务标准又有哪些呢？

一般而言，企业可以通过以下八个步骤，来制定开发用户定义的服务标准：

1. 熟悉行业，了解服务，寻找用户

对于一个企业来说，要想有所发展，就必须要了解这三个方面——所处的行业、所生产的产品或服务以及用户群。我们了解自己所处的行业在哪一个等级，所生产的产品或服务是不是人们需要的，都是为了了解我们的用户在哪里。

谁对我们的产品或服务有需求？谁有购买力？谁有购买决策权？谁是我们的用户？他们会在哪里出现？我们的用户什么时候会购买产品或服务？为什么用户不买我们的产品或服务？谁跟我们抢用户？这些都是我们需要重点考虑的问题。

只有解决了这些问题，才表示我们熟悉了自己的行业，并了解自己的产品或服务，也才能找到用户。这些是开发用户定义的服务标准的第一个步骤，也是最基本的步骤，只有做好了这一步，才能顺利进行下面的步骤。

2. 了解用户的需求

要想知道用户在哪里，就必须了解用户的需求，然后提供用户所需的产品或服务，就很容易找到用户群了。并且，在了解了用户的需求之后，还可以把普通用户变成目标用户，再变成长期目标用户，使其一直忠诚于我们的产品或服务。

因为，用户购买产品或服务的动机源于需求，了解了用户的需求，我们也就掌握了主动权，这样，我们不仅明确了应该生产什么样的产品以及提供什么样的服务，也能轻易找到目标客户群。

3. 制订用户的开发计划和市场扩展计划

制订客户的开发计划和市场扩展计划，也包括用户所处行业的开发计划及方法。这样，能够让企业从创造需求，转变为沟通鉴定需求，再到促成订单，扩大用户的使用数量，这对于开发用户有很大的帮助。

4. 制定满足用户需求的宣传方案

制定一个能够满足用户需求的宣传方案，能够帮助企业更好地宣传，真正起到宣传的效果。企业可以从收集名单开始，并对其进行分类，找出不同用户的不同需求。然后，开始制订宣传计划，最后付诸实际行动，这样的宣传就更具实效性。

俗话说“酒香也怕巷子深”，出彩的宣传方案，也能在一定程度上吸引用户的目光，为以后的宣传和销售做好铺垫。

5. 形成有效合作

一般而言，企业与用户之间普通的合作，只是为了完成合同的执行而已。而有效合作，则是让用户在合作中收益，也让企业的业务增值，达到一种双赢的局面。因此，企业应努力让合作变成有效合作，而不是简单的“例行公事”，真正做到“先用户之忧而忧，后用户之乐而乐”。

只有这样，才能促进用户与企业之间长久的合作，而不是“一次性”合作。毕竟，企业要吸引众多用户，也是需要花费不少宣传成本的。而当企业与用户之间形成有效合作之后，就会选择长期合作，彼此都不用再去找新的目标再次“磨合”了，这对双方都非常有利。

6. 贴心的售后服务

售后服务在一定程度上，也影响着用户的支持率。如果企业提供的售后服务非常完善，不仅可以维护老用户，也能不断吸引新用户，这就是开发用户的一种有效方式。

完善、贴心的售后服务，则要求企业及时了解产品的变化与用户需求的转变，还要掌握好市场的变化，从而满足用户对产品和服务的个性化需求。

售后服务作为产品服务的最后一个环节，占据着重要的地位。售后服务能够维系企业与用户之间的关系，贴心的售后服务可以让企业与用户之间的关系更长久。

7. 建立长期、忠诚、全面的合作关系

企业与用户之间建立长期、忠诚、全面的合作关系，对企业的发展有很大的帮助，也是维护老用户、开发新用户的一种有效手段。为此，企业可以多方面、多层次地研发产品以及个性化的服务，为用户提供可持续的“价值”服务，只有能够经得起市场检验的服务与产品，才是用户真正需要的服务与产品。

这样，企业就会很容易与用户建立长期、忠诚、全面的合作关系，而这样的合作关系，也是维护用户忠诚度，让企业不断获利的有效方式。

8. 做好总结和反思

企业在做好开发用户的工作之后，一定要养成总结和反思的习惯，这样才能让工作得到改善，从而起到预期的效果。并且，通过做总结和反思，能够让企业永远保持谦逊的态度，不会因为取得的一些成就而沾沾自喜，从此不再努力进取。做好总结和反思也是开发用户定义的服务标准的最后一个步骤，影响着前面几个步骤的努力能否完美结束，也影响着所开发出的新服务的执行效果。

因此，企业要想拥有长久、忠诚的用户，就要遵循开发用户定义的服务标准的八个步骤，这样，才能开发出让用户满意的服务，以此维持用户的忠诚度。

第7章

设计服务流程

在服务业中“第一次就把事情做好”十分重要，这就要求企业必须具有良好的服务设计能力。因为，服务是一个过程，服务产品的差异性和用户的参与性，使不同顾客对不同服务的感知存在很大差异。为了实现让用户感到满意的目标，企业应对服务流程进行科学的设计，以提高服务质量。

第 1 节　服务流程设计的基本要素

服务流程设计是指设计者针对服务组织内外部资源结构、优化配置能力等，为提高服务效率和效益而进行综合策划活动的过程。不同服务组织的业务流程及内容、构成要素等存在差异性，因此，在做服务流程设计时，应该考虑到一般需求、服务成本、现有能力、所需技能等服务流程设计的基本要素。

1. 一般需求

服务是企业向顾客提供无形价值的一种方式，也是企业进行市场营销的一种策略，因此，商家在进行市场营销活动时，应该始终针对用户的需求。

索尼公司作为全球电子数码产品的巨头，其营销战略就是以持续发展的技术和用户的一般需求作为企业发展的根本，所以，对于索尼来说，用户需求是服务流程设计中的最主要因素。索尼也因此赢得了更多顾客的认可，其电子数码产品的销量也一直居高不下。

因此，企业在做服务流程设计时，应首先考虑用户的一般需求，只有先满足了他们的需求，才能进一步为他们服务，他们也才有可能接受。

2. 服务成本

企业对服务所投入的资源总和，就是企业的服务成本。服务成本的投入，要求一定要获得相应的预期服务产出，这样企业才能盈利。如果对一个服务的投入，不能带来合适的服务收益，则不能提供这种服务，毕竟，企业是以盈利为目的的。

针对服务投入、产出的分析，就要求企业在服务项目的确定和提供方式上做出策略性选择，这样企业才有盈利的可能。因此，在服务设计中，企业总是会优先选择能够带来收益的服务流程设计。

由此也可以看出，企业评估一个服务的服务成本是多么重要，所谓知己知彼才能百战百胜。

3. 现有能力

一般来说，企业向目标市场提供什么服务，一方面取决于用户的需求和企业的收益，一方面还取决于企业自身现有的服务能力。因为，企业依据目前的服务能力和可预期达到的水平进行服务设计时，能够对服务流程设计预先定位，从而为企业服务能力的提升以及改进相关服务能力提供了方向。

一个好的服务流程设计，能使一直处于劣势的服务能力变成优势。因此，企业在分析自身的服务能力并进行服务流程设计时，一定要明确现有的服务能力是针对用户的哪些需求，再进行相关的服务流程设计。

总之，企业要设计一个完整的服务流程，就必须满足这三个基本要素。只有正确评估自己的各项能力，才能设计出最适合的服务流程设计。

第 2 节　服务流程设计的原则

简单来说，服务流程的设计是一种设计的思维方式，是人们一起创造并改善服务体验的过程。这些体验随着时间的推移，发生在不同接触点上，让服务变得更加有用、可用、高效、有效和被需要，是全新的、整体性强、多学科交融的综合领域。

因此，在服务流程的设计中，需要遵循一些原则，才能让新服务符合这些特点。

1. 热情周到原则

销售人员服务态度的好坏，直接影响着企业产品的销售和企业的名誉。如果销售人员自始至终以热情周到的态度为用户服务，真心诚意地帮助用户解决问题，就能使用户心情舒畅，同时用户也会向亲朋好友、熟人同事等介绍企业所提供的优质服务。

这就是遵循热情周到原则带来的好处。如果不遵循，用户则会感到被冷落，从而选择其他企业。在竞争日益激烈的市场环境下，如果让这种情况持续下去，企业必然会面临倒闭的风险。

2. 符合用户愿望原则

企业向用户提供服务时，必须与用户的实际需求相一致，即在提供服务时，尽量使用用户希望的方式来满足用户的需求，这样才能得到用户的认可和满意。也就是说，企业必须从顾客的愿望出发，密切结合顾客的实际，来设计服务流程，以确保服务的有效性和针对性。

这一原则是让用户愿意接受服务的重要一步，否则，再好的服务，如果不符合用户的愿望，也无法吸引用户去体验，更别说用户会乐意接受了。

3. 坚持一视同仁原则

用户在购买产品服务的过程中，都希望能够得到公平、公正的待遇。如果在服务过程中，企业不能做到一视同仁，怠慢了某一个顾客，企业则不仅会失去这个顾客，还很可能失去一批顾客。因为，企业对其中一个顾客的行为，会影响到其他顾客对该企业的看法，而且，这个被怠慢的顾客也会四处说企业的坏话，消费者之间的话往往最有力度，致使企业的声誉受损。

所以，坚持一视同仁的原则是企业服务流程设计的基础，不要因为哪个顾客消费能力高，就给予特权，对其他顾客不屑一顾。顾客与顾客之间的感情，要比顾客与企业之间的感情更加牢固，企业作为服务输出者，应该持有一视同仁的态度，这样才会赢得所有顾客的支持。更何况，少量顾客也不足以支撑起企业的发展。

4. 追求服务质量原则

在商品同质化的今天，如果你的企业为用户提供的服务，在服务态度上不如竞争对手好，在服务方式上不如竞争对手先进，在服务内容上不如竞争对手丰富，那么，你的顾客随时都有可能会被竞争对手吸引而去，使你在市场竞争中陷入被动境地。

因此，企业在服务流程设计的过程中，必须重视服务质量，最大限度地取得顾客的青睐，才能在市场竞争中占据优势。

总之，企业应在遵循服务流程设计原则的基础上，设计服务流程，这样才能满足用户对服务的需求，也是对企业本身的一种负责表现。

第 3 节 服务流程设计的方法

企业对于服务流程的设计，不能掉以轻心，应掌握一定的方法，让服务流程的设计更加出众。这样，才能令客户满意，这也是企业设计服务流程的初衷。

只有优秀的服务理念和服务目标还不够，企业还需要优秀的服务设计。否则，就像有上好的布料，却没有优秀设计师来设计的服装一样，是不能令用户满意的。因此，企业在设计服务的流程时，应该掌握以下几种方法，来提升服务流程设计的水准。

1. 生产线方法

生产线方法是借鉴制造业控制质量的思路，使服务以流水线的作业方式，成规模化地向用户提供标准化的服务产品。

例如，麦当劳的四个服务要素的标准化，就是基于生产线的服务设计方法实行的。麦当劳通过对环境、物品、显性服务、隐性服务四个要素的分别统一、严格控制，提高了服务效率和服务质量；有严格、细致的分工，加上标准化的服务，赢得了用户的满意。

这个方法简单实用，也易于操作，并能够批量向用户提供服务，是一种非常合算的服务流程设计方法。

2. 用户参与方法

用户往往对运营流程有一定的兴趣，希望能够参与到服务的具体运营中去，使自己主动影响服务过程，以节省时间，获得更多服务自由，使服务更符合自己的偏好等。而网络自动化的发展，为用户参与这一想法提供了技术支持。

在具体的服务流程设计中，企业可以突出那些愿意自我服务的顾客，让他们与相应的服务设备相结合，来满足他们的个性需求，这样也提高了服务运营的效率。如超市自取货物、自助餐自取菜肴、陶艺中的制陶、ATM 机自动取款等。

在这个用户越来越挑剔的时代，让用户直接参与进服务流程的设计中来，是最直接的让用户满意的方法。

3. 技术核分离方法

大部分的服务都分为两大部分：一是与用户紧密接触的前台部分；二是用户基本不接触的后台部分。前台与用户高度接触，因此，在服务流程的设计中，应以用户为中心，这是基于灵活处理各种问题、满足用户个性化需求的布置。

后台由于与很少的用户接触，服务运作可以像工厂一样进行，因此可以应用工业化方法来设计服务流程，如使用自动化设备、建立严格分工等，以提高运营效率。

这三种方法是最基本也是最实用的服务流程设计的方法，企业可根据自己的特点，选择不同的方法，也可同时使用几种方法。只要能够让设计出的新服务既符合企业的发展，又能满足用户的需求，就是最好的方法。

第 4 节　服务流程设计的五个步骤

在掌握了一定的服务流程设计的方法之后，就要开始实施具体的设计方案来设计服务流程了。

一般而言，遵循以下几个设计步骤，能够使服务流程的设计更加符合客户的需求，才能成为企业真正需要的服务流程。

1. 明确目标

企业进行服务流程设计前，应当明确目标客户的需求，通过细致的市场调查，对服务需求进行细分，对于重要的需求，应在服务流程设计时加以优先满足。而服务流程设计的重点，通常也是围绕优质用户的需求而展开的，如中国移动针对大客户推出的专门服务：配备客户经理。

明确目标是进行服务流程设计的第一步，不仅要明确所有客户的需求，更要对不同客户的需求进行区分，再分别对待。这样，服务流程设计才能更加精确，实用性更强。

2. 确定内部需求及能力要素

在明确了目标之后，还应考察服务组织内部的需求及其相关能力，在自身能力不足时，要因势利导，开发新服务替代原服务，增强自身的服务能力，提高服务质量和效率。就像美国西南航空公司一样，在无法提供机票零售系统的情况下，推出无票服务的行为。

这样，能够准确掌握企业内部的服务能力，只有在明确了服务能力和需求之后，才能做出最恰当的服务流程设计。

3. 适宜的组织结构与文化环境

组织结构涉及技术系统或专用技能等硬件设施，还包括一些软件内容，如职能特点、团队结构形式等。企业在进行服务流程的设计时，应兼顾软硬件及其交错性有机整合要求，力求使其形成独特的文化氛围。

只有拥有适宜的组织结构与文化环境，才能让服务流程设计在更加顺利、平稳的环境中进行。

4. 分析现有技术或可获得的技术能力

IT 技术应用已使数据输入从手工抄写发展到电子媒介，并使服务作业运营效率大幅度提高，如果相关 IT 技术比较缺乏或不足，则必须加大投资力度。企业应根据现有技术或可获得的技术能力，创新服务能力，设计先进服务流程。

这对于服务流程的设计有非常大的促进作用。因为只有明确了企业现有的技术，才有可能让它成为服务流程设计的推动力。

5. 准确定位所有利益相关者

现代经济活动产生了许多工作团队，个人之间和不同团队个人之间存在一种行为模式，而且不同于社会关系，每项活动都存在不同的价值。因此，在进行服务流程设计时，必须准确定位利益相关者，以免在整体协调方面犯逻辑错误。

通过以上五个步骤，企业就可以轻松地进行服务流程的设计，至少不会让设计“跑偏”，也可以让所设计出来的服务流程真正应用到实践中。

第 5 节　服务流程设计的关键成功因素

企业通过服务流程的设计，能够有效控制所提供的服务内容，从而提高服务效率，节约服务成本。而如果掌握了服务流程设计的关键成功因素，也就能够确保服务流程的设计获得成功，从而满足客户对服务的需求，为企业赢得更多的客户群体。

进入电商时代以来，网络购物成了人们消费的主流方式，为了应对这一发展新趋势，海尔集团开始对服务流程进行了重新设计。它主要以现代网络为中心，实现直接为消费者提供服务的一种服务状态，并开展电子商务，为用户购物提供最大的便利。

在进行服务流程的设计过程中，海尔通过建立 B2C 电子商务，实现企业与消费者的零距离交流，让消费者通过 B2C 电子商务可以实现查询、定制、在线付款、获取产品、使用维护常识等个性化需求。

另外，海尔不仅将网络技术应用于客户服务，还充分应用到企业内部管理及与供销商之间的商务合作中。通过计算机系统的自动管理模式，让海尔企业内的所有服务人员的工作内容都清晰地展现在每个人面前，他们只需要按照所分配的服务内容去执行即可。即使出现意外事件，系统也能快速做出应对策略，让服务人员及时更正服务。这不仅大大提高了海尔服务人员的工作效率，同时也为用户提供了极大的便利。

海尔充分利用网络优势，对原有服务流程进行重新设计，使之更加方便用户；还通过搜集、整理、分析用户需求信息，达到直接与用户沟通的目的，让用户参与到产品服务设计中，从而促进海尔零售业务在线交易额的快速增长。

由此案例我们可以看出，服务流程设计的关键因素在于，掌握当前市场发展的新趋势，并将其应用在实际的服务流程当中。

海尔的服务在中国是有口皆碑的，这不仅是因为海尔的服务质量明显高于其他企业的服务，还因为海尔在服务流程设计上体现了它的整体优势：它明确了当前市场中的发展趋势，看准了网络技术的潜力，再进行服务流程设计，才获得了成功。这样一来，不仅为用户提供了更加多样化的服务，也让海尔集团实现了服务的创新。

因此，企业要想获得成功的服务流程设计，必要掌握这个关键因素。虽然，每个企业的发展状态都不相同，但是，不论出于什么样的发展阶段，都要对当前的市场发展趋势有所了解，并力图掌握其发展规律，这样，才能确定自己企业的发展方向。

当明确了企业的发展方向之后，再对服务流程进行设计就会比较明确，不仅知道该往哪个方向发展更利于企业的发展，也知道在服务流程设计的过程中可能会出现的问题以及可行的解决方案。这些对于企业的发展无疑是非常有利的。

由此可以看出，只有掌握当前市场发展的趋势，才能明确服务流程设计的关键成功因素，也才能让服务流程的设计获得成功。因此，企业在设计服务流程时，务必要掌握这个成功的关键因素。但是，不同的时期，市场发展的趋势都不相同，这就要求企业还要具备创新精神，时刻为市场新的发展趋势做出快速的应对策略。

第8章

服务环境设计

服务的流程必须先经过精确设计、严格控制，才具有可操作性、实用性。另外，服务环境的重要性也不言而喻，它决定了服务流程能否顺利完成，因此也需要提前进行设计。

第1节　服务环境的功能

所谓的“服务环境”，是指企业向顾客提供服务的场所，它不仅包括影响服务过程的各种设施，而且还包括许多无形的要素，如光线、颜色、声音等。这些都足以影响顾客对服务的体验度，也从不同侧面影响了服务质量。

西方伟大的心理学家弗洛伊德先生认为，人通过生活的环境，会引发四种感觉，即视觉、听觉、味觉、触觉。从这个角度来看，服务环境的功能，也可以分为四大类：

1. 视觉性功能

视觉商品化与商品形象的建立和推销有关，顾客在进门之后，无论在搭电梯，或在等待付账时，服务的推销和形象的建立仍持续在进行。照明、陈设布局、颜色，以及服务人员的外观和着装，显然都是“视觉商品化”的一部分。

这些因素在无形中会影响顾客是否会购买商品。也许一个顾客在看到服务人员穿了一件绿色的裙子，手里拿着某个商品很合适，正好自己或者自己的亲朋好友中的某个人也有件这样的裙子，这位顾客就很有可能会购买服务人员手里拿着的那个商品。

这是顾客因某件事物而引发的联想，通过视觉传递给大脑，大脑经过思考之后再反作用于人的行为上，从而引发的购物行为。这就是视觉性功能带来的作用。因此，企业应重视外观，包括商品、服务人员、整个店铺的外观都应给予足够的重视。因为，顾客也可能会因为看到某个角落处很脏等原因，产生放弃购买商品的念头。

2. 听觉性功能

声音往往是气氛营造的背景，电影制造厂商很早就觉察到它的重要性，即使在默片时代，配乐便被视为一项不可少的营造气氛的必要成分。例如，青少年流行服装店播放的背景音乐所营造出的气氛，当然和航空公司在起飞之前，播放给乘客们听的令人舒畅的旋律的气氛全然迥异。

不同的声音带给顾客的感觉不尽相同，也会影响到顾客的购物心情。因此，企业应重视声音的效果。一个企业或者是实体店铺，需不需要播放音乐、需要播放什么类型的音乐，与它的整体布局和所售卖的商品类型息息相关。

3. 味觉性功能

俗话说："不是此中人，不解其中味。"零售商店，如咖啡店、面包店、花店和香水店，都可使用芳香和香味来加速推销其产品。如面包店可巧妙地使用风扇将刚出炉的面包香味吹散到街道上，餐馆、牛排吧等也都可以利用香味达到良好的推销效果。至于那些服务行业的办公室，利用皮件的气味和皮件亮光蜡或木制地板打蜡后的气味，往往可以显示出一种特殊的豪华气派，让人肃然起敬。

另外，如果是生产食品的企业，还可以采用免费试吃的营销手段，赢得顾客的支持。味道可以闻到，也可以尝到，给人的感觉也不同，为此，企业应充分发挥出自己的优势，在味觉性功能上占据有利地位。

4. 触觉性功能

厚重质料铺盖的座位，会给人一种厚实感。地毯的厚度、壁纸的软硬度、咖啡店桌子的木材的质感和大理石地板的冰凉感，都会给顾客带来不同的感觉，并烘托出独特的气氛。由此可见，触觉呈现也是影响顾客对服务产品惠顾的一个重要原因。

当顾客走进一个店铺时，他总会不自觉地与某件物品相接触，通过这种接触行为，顾客就会对这个店铺有一个整体的感觉，并决定是否要购买商品。这就是触觉性功能，企业也应给予足够的重视，以吸引更多顾客的青睐。

服务环境对企业的营销行为有很重要的影响，因此，企业在设计服务流程的服务环境时，应充分考虑到这几个方面的功能，以发挥出服务环境的全部功能，从而设计出最优的服务流程设计。

第 2 节　服务环境设计的原则

企业在对服务环境进行设计时，应遵循一定的原则，不能想当然。因为，只有结合实际情况，才能使服务环境的设计满足客户的需求，从而为企业赢得更多的客户。

一般而言，企业在进行服务环境设计时，可以遵循这几个原则：

1. 以人为根本

人都是喜欢真善美的，无论是企业的工作人员，还是客户都概莫能外。但是，世界上没有完全相同的两片树叶，也不会有完全相同的两位客户。这就要求企业在进行服务环境设计时，既要符合大众化的需求，也要满足客户的个性化需求。

因此，企业要尽量统筹兼顾，让每一个客户有宾至如归的感觉。因为，进行服务环境设计的根本是为人服务的，所以，应以人为本，应考虑到每一位客户的需求。

2. 以美学原理为基础

自美学产生以来，更多的人感受到了生命中的种种美好，这是一种很正常的现象。虽然美学典籍浩如烟海，但最常用的原则还是平衡、协调、舒适，服务环境的设计也应如此。

想象一下顾客是喜欢舒适、协调、温馨的环境，还是喜欢压抑、嘈杂、肮脏的环境呢？大部分顾客都会选择前者，这是毋庸置疑的。所以，服务环境的设计以美学原理为基础非常重要，不可忽视。否则，再贴心的服务，也没法弥补糟糕的服务环境所带来的影响。

3. 以实际条件为依据

做一切事情，都要从实际出发。企业进行服务环境的设计也应从实际出发，应根据市场情况以及客户的需求，对具体问题进行具体分析。

虽然在进行服务环境的设计时，做到了以人为本和以美学原理为基础，但是，如果不考虑一些实际情况，如大众潮流、地方文化环境差异、风俗习惯、政治背景等，设计的服务环境依然会显得生搬硬套，不够灵活多变，也就不足以应对竞争激烈而残酷的市场。

以实际条件为依据，是做一切事情的原则，在进行服务环境设计时，更需要遵循这一原则。因为，服务环境设计涉及的问题很多，如果一个方面的问题没有处理到位，就会影响整个设计。

综上所述，在进行服务环境的设计时，一是要以人为根本，二是要以美学原理为基础，三是要以实际条件为依据，按此设计出来的服务环境，将会是最吸引客户的，也才能为企业赢得更多忠诚的客户。

第 3 节　环境心理学与服务环境设计

环境心理学是研究环境与人的心理和行为之间关系的一个应用社会心理学领域。这里所说的环境，虽然也包括社会环境，但主要是指物理环境，包括噪声、拥挤、空气质量、温度、建筑设计、个人空间等。

这种关系推而广之，即成为人与环境之间的关系。环境心理学之所以会成为服务环境设计的重要工具，是因为环境心理学研究社会环境中的人的行为。用辩证法的观点来看，服务环境设计与环境心理是相互促进的关系。

当客户处在一个服务环境中，就必然会和服务环境产生一定的联系，服务环境对人的行为心理学也会产生影响。服务环境包括形状、颜色、光线、气味以及服务者的表情态度等因素，只有当服务环境的设计者充分考虑到这些因素如何影响客户的心理变化时，才能保证服务环境设计得科学、合理。

例如，在柔和的光线下，客户往往会感到放松舒适；而在完全黑暗的空间里，客户则会陷入焦虑、恐惧、不安的状态。这也是为什么在通常情况下，会把咖啡馆整体布局做成暖色系，因为这样可以增加客户的食欲；而办公场所往往做成冷色系，这样可以让服务人员埋头工作，冷静地思考。

人的情绪都是可以互相影响的，比如，在办公室工作时，如果看到一个同事在睡觉，我们也会有昏昏欲睡的感觉。因此，企业要特别注意培养服务人员的综合素质，让他们学习保持微笑，给客户带去温暖，只有这样，客户才会给予我们真诚的笑容。

当客户对一个企业面带微笑时，也就意味着这个客户愿意接受该企业的服务，对它的产品也比较感兴趣。因此，企业可以充分利用环境心理学的原理，来进行服务环境的设计，从而让客户从心理上认同这个企业。另外，客户从中获得的服务体验，也会反馈到环境心理学中，企业可以据此找准服务定位，让客户成为企业忠诚的支持者。

企业服务环境的设计的任务，关系着企业局部和整体所折射出的整体印象，影响着顾客对服务的满意度。而环境心理学又可以影响到顾客的购物行为，因此，让环境心理学去影响服务环境的设计，是非常正确的选择。

第 4 节　影响服务环境形成的关键因素

设计出理想的服务环境并非是一件容易的事情，除了需要大量的资金外，一些不可控的因素也会影响到环境设计。

一方面，现有的关于环境因素及其被影响的知识及理解程度还不够。另一方面，每个人都有不同的爱好和需求，他们对同一环境条件的认识和反应也各不相同。因此，企业在做服务环境设计时，应充分考虑到这些不可控的因素，才不会被这些因素所影响，从而导致失败的设计。

一家服务公司苦心孤诣地在顾客面前塑造最佳的服务环境形象，生怕在某些方面破坏了自己公司的形象。但是，顾客还是会受到很多商家意想不到的因素的影响，其中，影响服务环境形成的关键性因素主要有两点：

1. 实体因素

公司的外在有形展示会影响其服务形象。例如，一栋建筑物的具体结构，包括其规模、造型、建筑使用的材料、其所在位置以及与邻近建筑物的比较，都是塑造顾客观感的因素。

至于其他相关因素，诸如停车的便利性、橱窗门面、门窗设计、招牌标示等的形象展示也很重要。因为，外在的表象往往会给客户一种保守、进步或其他不同的印象。

而服务公司内部的陈设布局、装饰、桌子、家具、装修风格、座椅、照明、色调配合、材料使用、空气调节、标记等，所有这一切合并在一起，就是该公司的形象以及顾客对其的印象。如果从更精细的层面来说，其内部属性还包括记事纸、文具、说明小册子、展示空间和货架等。

这些实体因素，都影响了一个企业在客户心中的服务环境形象，它们在无形中影响着顾客购物的行为。因此，企业应该对这些实体因素做出相应的调整，力求每个实体因素都能够给顾客带来最佳的感受，从而在客户心中树立良好的服务环境形象。

2. 气氛因素

服务设施所呈现出来的气氛，也会影响其在顾客心中的形象。“氛围”原本就是指一种借以影响客户的“有意的空间设计”。此外，一个公司所呈现出来的气氛，对于员工以及来公司参观的客户来说都有重要的影响。

就零售店而言，每家商店都有其各自的陈设方式，有些显得狭窄，有些显得宽敞。每家店都有其不同的“感觉”，有的魅力四射，有的豪华壮丽，有的朴素大方。其实，对于商店来说，必须保持一种有规划性的、整齐的气氛，以适合目标客户群，并能诱导他们购买商品。

一个企业的气氛，可以从两个方面进行烘托。一种是外在物品的陈列，通过摆放整齐有序，或者是富于个性化的陈列，就会烘托出不同的气氛出来。企业可以根据自己的特点，通过改变物品的陈列，来制造出不同的气氛。另一种是由内而外所散发出来的气氛，这主要得依靠企业长久的文化积淀以及全体员工的素质表现、工作态度。这两种方式都是可以改变的，一种是改变物品，另一种是改变人的工作状态。

由此可见，影响一个企业服务环境的两个关键性因素，一是实体因素，二是气氛因素。因此，企业只要结合这两个关键因素，做出相应的改变，就可以拥有良好的服务环境形象，从而获得客户的大力支持。

第5节 服务环境设计的内容

随着时代的不断进步，服务环境的设计内容正在渐渐走向全面化、系统化以及多元化，并逐渐融合了企业的文化、顾客的需求、最新的市场理念等元素。总体来说，大致可分为以下两个方面：

1. 从业人员的服务理念

从业人员的服务理念，是确立企业服务人员独具特色的服务理念的根本，是企业对当前和未来时期的经营目标、经营思想、营销方式和营销形态所作的总体规划和界定标准，是从企业精神、企业价值观、企业信条、企业经营宗旨等领域，提炼出来的一种服务环境中必须具备的思想。

因为，无论什么样的产品，什么样的服务，最终都是由企业的从业人员提供给客户的。所以，服务环境的设计要把企业人员的服务理念放在第一位。

当从业人员拥有正确的服务理念，他就会为客户考虑，为企业考虑，从而为客户提供最能使他们满意的服务。

2. 为客户提供的感官环境

以企业为客户提供的感官环境为核心，展开完整的视觉传达系统，就要先将企业的理念、文化特质、服务内容、企业规范等抽象内容转换为具体行为。再结合客观存在的环境，为客户塑造出独特的服务环境形象。

感官环境的基本组成要素主要包括：企业名称、企业标志、象征图案、绿景摆放、居住环境、产品包装、广告媒体、大厅设计、办公人员制服等。这些因素就是服务环境设计中所不可缺少的内容，它是整个设计的框架。

因此可以说，服务环境设计的内容包括整体框架和理念的填充，两者共同影响着服务环境设计的内容。如果要对服务环境设计的内容进行调整，就可以从这两个方面着手，同样，要想保证服务环境设计的内容不偏离企业的发展轨道，也要从这两个方面进行监控。

总之，企业进行服务环境设计时，应当从企业人员的服务理念行业，还有为客户提供合理的、科学的感官环境两大方面下功夫。两者同等重要，都应给予足够的重视。如果只注重前者而忽视后者，可能会让客户感觉企业提供的服务太过虚浮，反之，则显得企业不太考虑客户精神上的需求，都不能满足客户的需求。

唯有将两者灵活地结合起来，才能满足顾客的需求，才能达到服务环境设计的内容要求。这样的服务环境设计的内容，对于客户和企业来说，都非常有利。

第9章

服务营销组合

服务营销和只卖产品的营销模式不同，前者更注重消费者的服务需求。服务营销能够让消费者在享受服务的过程中，完成购买行为。这也是企业运用服务营销的最终目的，通过将服务营销中不同要素进行组合，让消费者对产品有更高的满意度、美誉度和忠诚度。

第 1 节　服务产品

服务产品简称服务，具有能被消费者购买与接收或消费的功能和作用，是由生产者通过一系列的结构系统，进行销售以及生产和交付的，包括人力、物力和环境等。

服务产品区别于实物产品，主要是物质形态的不同，实物产品是有形的，因此又被称为有形产品。而服务产品则是无形的，这是由其生产特点决定的，也被称为无形产品。

服务产品的出售，只有当消费者到来之后才能进行，如理发店、照相馆、修理行业等，如果没有消费者购买，这些店铺的服务产品就会闲置。还有一些服务行业，他们提供的服务产品是边生产边消费的，在消费者没有到来之前，是不能够进行生产和销售的。

但是，还有很多人无法理解为什么将服务产品也算作一种产品？其实，随着时代的不断发展，人们开始青睐于服务产品，服务产品在社会总产品中所占比重越来越大。

如一瓶洗发水是实物产品，顾客可以用它来洗头发，但是，随着生活节奏的加快，很多人更愿意去理发店洗头发，使用的虽然也是洗发水，却能享受到其他的一些相关服务，不再需要自己洗头发，这就是服务产品给人们的生活带来的便利之处。

如今，人们对服务产品的依赖性越来越大，这也给企业的发展带来了新的方向。一些传统企业开始逐步向服务行业过渡，如销售护肤品的企业，就可以自己开一家美容院，用自己生产的护肤品为顾客服务，用服务产品去赢得更多顾客的支持。

李刚大学毕业后想回家创业，但是，又不知道做什么比较好。父母都是地地道道的农民，每天靠种些瓜果、蔬菜为生，而这些蔬菜也卖不上好价钱，所挣的钱只能勉强糊口。想到这里，李刚便思考一个问题：怎么能让这些蔬菜卖上好价钱呢？在大学学习服务行业的李刚，意识到服务行业是目前社会中最热门的行业，只要将这些蔬菜跟服务搭上边，就能卖上好价钱。于是，李刚找到了自己的创业方向，利用这些瓜果、蔬菜，在家乡开一家绿色餐馆，所使用的食材全部是自己田里种的，不添加任何化学成分。就这样，李刚在家乡开了一家这样的绿色餐馆，因此也获得了很多人的支持，尤其是一些企业老板们，对这家绿色餐馆更是青睐有加。自此，李刚也创业成功了。

从这个案例中我们可以看出，实物产品是人们的刚需产品，每个人都离不开。但是，随着社会身份的转变，很多人从家里走向了社会，角色的转变，让他们对产品的需求也在发生变化。如一个企业家，他吃饭的意义不仅是为了填饱肚子，更多的是为了谈生意。所以，蔬菜对他来说是没有意义的。他需要的是现成的饭菜，其需求也就从实物产品转变成服务产品。

因此，一个企业如何为顾客提供最优质的服务产品，逐渐成为争夺市场与顾客的手段，企业应该予以足够的重视。企业不要再一门心思地去加工实物产品，费劲心力地提高产品质量，而应给实物产品一个附加值，让它变成服务产品，反而会更加受到顾客的欢迎。

综上所述，服务产品在这几个方面比实物产品更受顾客的欢迎。

1. 使用简单

服务产品是由商家提供给顾客，顾客可以直接拿来使用的产品。在这个过程中，顾客什么都不需要做，只要等待商家服务即可。

这相对于实物产品来说，不需要顾客亲自对产品进行一系列的整合，即可使用，非常简单、快捷。对于一些生活节奏非常快的顾客来说，服务产品更具吸引力。

2. 可以实现随时随地消费的目的

只要有店铺提供服务产品，顾客就可以进行消费，不管这个店铺在哪里。但是，实物产品就不同，还需要顾客在特定的场所才能使用，这对于一些经常需要在外面奔波的顾客来说，非常不方便，服务产品才能满足他们的需求。

3. 满足特定顾客的消费需求

还有一些顾客，由于身份或者是身体等原因，不能直接使用实物产品，也就只能选择服务产品了。

由此可见，服务产品具有更多的优势。在这个服务至上的时代，企业应该多推出一些服务产品来满足不同顾客的消费需求。这也是这个时代赋予企业独特的竞争方式。

第2节　服务价格

服务价格是商家提供劳务所收取的服务费用，又称劳务收费。这不同于实物售卖收费的方式，而是通过提供一定的场所、设备、工具和劳动等，所收取的服务性费用。

例如，一瓶饮料在普通的商店一般卖3元左右，但是在咖啡店，它的价格却是它原来的两倍或更高。价格高的原因就是咖啡店的服务比普通商店的水平高，这之间的差价就是咖啡店收取的服务费用。

可以说，服务创造价值，价值决定价格。在通常情况下，服务价格的高低和产品的成本没有太大的关系，却和服务的质量有关系。因此，企业可以通过提高服务的质量和水平来提高服务价格，从而赚取更大的利润。

海底捞餐馆的服务水平，在业界是众所周知的好。它在每一个房间都配有一个服务员，虽然很多大餐厅也有很多这样的服务模式，但海底捞与他们不同的是，海底捞的服务员非常细心，几乎了解客户的每一个动作、眼神所传递的意思，从而能够为顾客提供更加优质的服务。

海底捞的服务员都是经过很严格的训练，才能有这种良好的素质。凭借这种体贴入微的服务，其饭菜的价格就可以顺理成章地高于其他饭店，也不会让顾客感到反感。假如海底捞的价格和其他同等级饭店的价格一样，顾客则会首先选择海底捞，因为它的环境好，服务更好。

这个例子说明了优质的服务可以让商品更有价值，价格也就随之提升。良好的服务加上优秀的产品，能为企业赢得较高的满意度、美誉度和忠诚度。因此，提升产品的服务也可以提升该产品的价格，使企业获得较高的利润。

这是一个注重服务质量的时代，企业通过提升服务的质量和水平，就可以轻而易举地获得最大利润；而不需要投入大量成本，打造多么优质的产品，所有产品在优质服务的对比下，都会显得不值一提。

因为，产品市场近乎饱和，产品同质化的情况特别严重，单从产品上，已经无法区分出谁高谁低，唯有从服务上拉开距离，才能吸引顾客，从而赚取高额利润。

所以，企业应与时俱进，努力提高服务的质量和水平，培养优秀的服务人员，以此提高服务价格。

总之，互联网时代下的企业，只有为客户提供最优质的服务，才能将企业产品的价格提升上来。客户既享受到了最优质的服务，企业也因此获得了更多的利润，这是一个双赢的局面。

第 3 节　服务分销渠道策略

服务分销渠道是指，产品从生产者手中转移到用户手中所经过的渠道。从生产者到消费者手中的过程，起点是生产者，终点是消费者，而如何到达消费者手中就是渠道的不同。企业通过服务的分销渠道，让所生产的产品能够更快地到达消费者手中，其中使用的一些策略就称为服务分销渠道策略。

一般来说，企业使用的服务分销渠道策略按照有无中间环节，可分为直接分销渠道策略和间接分销渠道策略。

1. 直接分销渠道策略

直接分销渠道策略主要是生产者将生产出来的产品直接卖给消费者的一种行为。例如，生产厂家直接开设工厂店，这样消费者就只需要通过联系生产厂家，然后到店里选择自己需要的产品，快速完成购买行为，这种方式十分便捷。

直接分销渠道策略也包括网上销售，同样是将商品从生产厂家直接送到消费者手中的一种服务分销渠道策略。从小米模式引爆线上模式的销售来看，大概流程为：用户先在官网上预约，之后生产厂家找物流公司进行配送，送到消费者手中。这种方式打破了原先那种建立工厂店，让营销人员推销的策略。

这种线上分销模式，有利于节约成本，降低商品价格，最大限度地给消费者带来实惠。这种分销模式也是未来发展的趋势。

互联网时代，越来越多的商品选择在网上出售。目前，在网上出售的商品几乎包含了人们日常生活中所需要的一切，就连吃饭也可以通过网络订购。另外，这种直接分销渠道策略的成本极低，并能为消费者带来最大的利益，因此，能够得到消费者的最大支持。

2. 间接分销渠道策略

间接分销渠道策略是指，生产者通过中间代理商将商品销售给消费者的一种服务分销渠道策略。这种分销渠道策略让中间商拥有产品的所有权，可以对产品进行空间的调配，最终到达消费者手中。

间接分销渠道策略更有利于商品的流通，因为中间商一般都有丰富的市场营销经验，通过他们的推销，商品更容易销售出去。但是，间接销售渠道策略也有其局限性，因涉及的地域较广，不利于进行集中的大规模的广告宣传活动。

如果企业采取间接分销渠道策略，也就意味着与消费者脱节，它只需要负责生产商品，不需要对消费者进行维护。这样，企业往往处于被动地位，大部分利润也被中间商赚取，自己只能获得少量利润。

企业要想获得长久的发展，就要不断去发掘新的中间商，让中间商尽可能地为自己分销产品，以缓解企业的库存压力，降低生产成本。

当然，无论直接分销渠道策略还是间接分销渠道策略，只要能将产品销售出去，就是最好的服务分销渠道策略。两者都各有优缺点，没有绝对的好坏之分。

因此，企业要根据自身的发展情况，选择不同的服务分销渠道策略。对于那些已经在传统市场上占有较高份额的企业，要注意紧跟时代，学会运用互联网思维，重新制定新的服务分销渠道策略。而对于新型的互联网公司，更要注重服务分销渠道的策略运用，将自己的产品更快地销售出去。

第 4 节　服务人员

服务人员就是能够在消费者对商品进行咨询、购买、售后时，提供所需要的服务的人员。一般来说，服务人员要及时满足消费者的需求，解决消费者的难题，并引导消费者购买产品。

由此可以看出，服务人员的素质高低将直接影响服务质量，从而影响消费者的购物行为。也正因此，作为服务人员，必须具备以下几种素质：

1. 具备良好的知识结构

具备良好的知识结构的服务人员，在面对消费者提出的疑问时，能给消费者提供较为完善的解决方案。反之，则无法给顾客提供优质的服务。

并且，作为服务人员，只有将消费者的问题解决了，消费者才有可能相信你所推销的产品。如果没有丰富的专业知识，你就很难从容地回答消费者的问题，消费者看到支支吾吾的服务人员，自然不敢购买你所推销的产品。

因此，对于服务人员来说，无论从事哪一行，都要清楚了解这一行的所有服务内容，并努力成为这个行业的“半个专家”。这样才能形成自己的核心竞争力，才能凸显出自己的服务优势。

这样的服务人员不仅会得到消费者的喜爱，企业也会不惜花费重金聘请。

2. 牢固树立售卖产品的思想

一个企业不论进行何种营销方式，其最终目的就是销售产品。所以，当顾客向服务人员咨询某个产品时，服务人员要积极推销产品，把他们感兴趣的产品的优点讲给他们听。因为，服务人员只有时刻具备销售的头脑，才有可能卖出去更多产品，才能为企业带来更多利润，才能使自己的价值得到体现。

毕竟，服务人员的工作就是为企业赚取更多的利润。通过优质的服务让消费者购买更多的产品，就是服务人员存在的价值。

3. 人性化服务

人性化服务，也就是以人为本，为消费者全心全意地提供优质的服务，给消费者以人文关怀，从而有效提高消费者的服务满意度，进而增加企业的客户满意度，最终到达提高企业效益的目的的服务。

所谓“人性化”就是在提供服务之前，考虑到我们所提供的服务，其使用者是人。因此，应该细心地替消费者设想，特别是行动不方便的消费者，如老、弱、残、障、妇、孺等，使其使用起来都很方便，那就是最人性化的服务了。

小米公司曾经就有过这样的例子：一个70多岁的老大爷在电视上看到小米手机的广告，便想买一部小米手机，但由于购买小米手机需要使用F码（小米手机购买需要的号码），老大爷因为不知道F码是什么，也就无法购买手机。于是，他便打电话问小米的客服人员。小米的客服人员在了解情况之后，发现这位老大爷的家就在公司附近，便使用自己的F码给老大爷买手机，下班后，该客服人员将买好的手机送到老大爷家里，并耐心教他如何使用。

案例中的客服人员就具备了这 3 个方面的服务素质，既具备良好的知识结构，为客户解答相关问题，也具有售卖产品的思想，更注重人性化服务，最终为客户购买了手机，并送至客户家中。他用实际行动向客户诠释了，作为一个服务人员应该具备的素质。

具备这些素质的服务人员，自然会赢得客户的好感，从而卖出更多的产品，为企业带来更多的利润。因此，企业应该注重服务人员的素质培养，这是企业的一种无形资产。

当然，服务人员为了让自己增值，也应时刻培养自己各方面的服务能力，以满足消费者的需求，为企业带来更多利润，从而让自己变得更有价值。

第 5 节　服务的有形展示

服务的有形展示是指，一切可以展示服务的特色及优点的有形组成部分。服务的有形展示主要包括环境、信息沟通和价格展示。

1. 环境

环境越来越成为消费者关注的焦点：当消费者在去吃饭的时候，他们会越来越多地考虑到吃饭环境的好坏；当消费者去商场购买衣服时，也会评论这家商场的装修如何。所以，商家应该考虑店铺的装修是否和消费群体的审美品位一致，装修的风格是否会赢得他们的喜爱，并充分利用装修的环境为自己公司的形象加分。

另外，环境不仅仅体现在整体的装修上，物品的摆放、有无背景音乐等也影响着整体的环境氛围。因此，企业还应根据自己的特点进行陈列，以给消费者制造一种和谐的环境氛围。

在这样的环境中，消费者可以让自己放松下来，去享受企业为他们提供的一切服务，因此是非常乐意去消费的。

2. 信息沟通

良好的沟通信息有利于消费者识别一个企业，当消费者多次看到同样的图案，就会形成长久的记忆，从而使这个品牌在消费者心中根深蒂固。

星巴克是全球非常知名的企业，每个国家都有它的身影。它之所以能取得如此大的成功，是因为它的信息沟通做得非常好。不论是服务员的穿着、店面的装修，还是咖啡杯上的星巴克标志都带着浓厚的品牌标识，让人一眼看上去就知道是星巴克。如此完善的品牌识别系统，让人们记住了星巴克的标识，因此，每当有要喝咖啡的念头，人们就会首先想到星巴克这个品牌，自然它的生意异常火爆。

由此可以看出，信息沟通的重要性。目前，中国的许多企业现在也开始注重品牌识别系统的建设，中国的几大商业银行也都设置了独特的识别标志。这都说明了品牌识别的重要性，而品牌识别的传播其实就是信息的传播，通过一个品牌特有的标识与消费者进行沟通，从而让人们记住这个品牌。

3. 价格展示

价格也是服务的有形展示之一，因为，消费者通常认为价格高的产品，往往比价格低的产品所承诺的服务更多，认为价格高往往代表高质量，售后很有保障，他们可以从中得到更多的安全感。

但是，如果价格过高，就会使消费者离你远去。而价格过低就会给人一种质量不行、售后没保障的感觉。所以，企业在制定一个产品的价格时，不能单纯以产品的成本为基础，更多的要考虑用户的需求以及市场的变化情况，这样才能制定出合理的价格。

毕竟，在服务制胜的市场上，与产品的附加值相比，成本价只是影响产品价格的一个最基本因素。如果给一个普通产品配以完善、优质的服务，它的价格就会更高，消费者为了享受到这一点服务，也会非常愿意购买这样高价格的产品。

综上所述，环境、信息沟通和价格展示，是服务有形展示的三种主要途径，也是消费者获取服务感知、做出服务质量判断的首要形式。企业把无形的服务，用有形的方式表现出来，是服务有效传递的关键。

第 6 节　服务的传递过程

企业提供的服务，终归要传递到客户那里，才算是完整的服务。在这个服务的传递过程中，企业该如何做才能让客户更好地享受该服务，是企业应该着重考虑的问题。

1. 在服务传递过程中，企业应该让客户感到被尊重

企业为客户提供服务，是企业为了维护老客户和吸引新客户的一种营销方式，因此，无论是对待正在购买产品的客户，还是那些没有购买产品的客户，企业都应该给予同样的尊重，不能因为一些客户现在没有购买产品就表现出不尊重的态度。

因为，现在没有购买该企业产品的客户，不代表以后不会购买。但是，如果在为客户提供服务的过程中，表现出不尊重的态度，则一定会失去这些客户。尊重客户是企业最基本的行为规范。只有让客户感受到被尊重，他们才会放心享受企业提供的服务。并且，当这些客户感受到被尊重后，就会很满意企业提供的服务，也就有很大可能成为该企业忠诚的客户，从而为企业带来更多的利润空间。

不仅如此，在服务传递的整个过程中，都应让客户感到被尊重，而不是只局限于某个服务阶段。这样，客户才算享受到完整的服务，也才会对此服务感到满意。

2. 在服务传递过程中，企业应该让客户主动接受，而不是强迫

一些企业为了表达对客户的热情，急着为客户提供服务，也不管客户是不是想要该服务，还有些企业的工作人员甚至强制为客户提供服务，这就有些过犹不及。

企业为客户提供服务的目的，是让客户感到更舒适。如果客户不想要该服务，就不应该强迫客户接受。强制性提供服务，不仅不会让客户感到舒适，还会引起客户对该企业的反感。

因为，每个客户想要的服务都不同，你认为不错的服务，也许他根本不需要或者不喜欢。服务人员在不知道客户是否想要某种服务时，可

以通过询问的方式，来试探客户对此服务的态度。当他表示愿意接受该服务时，再为他提供此项服务，而不是通过强迫的方式。

这样，才能获得客户的支持。否则，再好的服务，如果是强迫客户去接受的话，也不会赢得客户的青睐。

3. 在服务传递过程中，企业应尽量让客户感到愉悦

让客户感到愉悦，这也是企业为客户提供服务的目的所在，在整个服务的传递过程中，更应该坚持这一原则。服务是既定的，但是企业的工作人员可以针对客户的要求，对服务进行相应的改变，让这个服务更能满足客户的要求。

这是针对不同的客户需求做出的改变，不仅不会影响到服务的整体水平，还能因此让客户感到愉悦。

总体来说，企业在对客户提供服务的传递过程中，做到这 3 点要求，就能够达到为客户提供服务的预期目标，也能够让客户感到满意。

其实，服务营销并不难，只要掌握服务营销的五个关键步骤，并严格地执行，就能获得成功。这样做，不仅能为企业赚取不菲的利润，也能让用户感到满意。

PART 3

服务营销的五步执行

第10章

第一步：服务文化

在互联网时代，企业发展快、技术更新快、产品更新换代快、消费主体的需求也在不断发生变化。因此，企业要想提高市场竞争力，就要让企业的服务文化建设跟上时代的变化和发展。互联网时代的思维特质就是突破与创新，所以，企业在服务文化建设过程中，要不断打破传统，推陈出新，从不同方面转变服务思维。

第1节　成立服务文化建设领导小组

这是一个服务至上的时代。人们日趋成熟的消费心理和消费需求，对服务的要求越来越苛刻。尤其是对现代企业而言，要生存和发展，就要进行服务转型——企业内部的服务文化向以顾客为中心的服务文化转型，开始建立新时代的服务文化。

因此，企业可以成立专门的服务文化建设领导小组，由一个人或者几个人共同带领一个小组的成员，旨在宣传企业的服务文化建设，起到建设、监督等作用，从而让更多的员工都参与到服务文化建设中来。这样，服务文化能够更快地在企业内部传递，消费者也能够享受到更加优质的服务。

某电力公司，在推进服务文化建设方面，为了更快达到理想的效果，成立了相应的领导小组。

在公司领导组织的带领下，各小组协调联动，竞争意识空前强烈，每个小组的成员都更加努力地推进服务文化的建设，如积极收集资料、进行市场考察等举措，制定了服务文化建设方案，主要以导入先进的客户服务理念、明确服务目标、开展各部门互为服务链的服务文化建设活动为主，并结合优质服务活动，实施文化建设项目，一度取得了不错的成绩。

另外，为了激励各小组成员更加努力推进文化建设，该电力公司定期评选出优秀的服务团队，并给予一定的奖励。为了成为优秀的服务团队，各个小组积极竞争，大力开展以科技为支撑的服务文化体系，拓展业务，优化服务资源和流程，进一步提高了各小组服务文化的执行力。

在竞争意识的驱动下，服务文化小组还构建了行为识别系统，制定各个岗位的服务标准和规范优质服务制度体系，以约束各小组成员的行为规范，让每个成员的付出都起到积极的作用。就在各服务文化建设领导小组的带领下，该电力公司推出了一系列服务文化的建设活动，形成了自身独特的企业服务文化，提高了服务质量，赢得众多用户的支持。

案例中某电力公司成立的服务文化建设领导小组，让每个成员都充满了竞争意识，从而使工作热情大大提高，才一次次做出新的成绩。他们不仅帮助公司实施了文化建设的目标，还促使公司形成了独特的企业服务文化，从而提高了服务的质量，赢得客户的支持。

因此，企业要想取得同样的成绩，也应成立服务文化建设领导小组，制造浓厚的服务文化氛围，让每个员工都沉浸在服务文化的氛围中。如果每个员工都能从每件小事做起，树立服务文化的观念，企业内部的服务文化建设也将会十分顺利。

成立服务文化建设领导小组，能够很好地监督和管理其他成员，让每个员工都积极参与进来。企业的全体员工共同参与进来，才能形成企业的服务文化建设氛围，也才能让客户真切地感受到企业的用心，从而忠诚于企业。

总之，企业成立服务文化建设领导小组，能更好地推进服务文化建设进程，完善企业的服务文化，并减少与客户之间的沟通成本，提高员工的工作效率，统一员工的服务价值取向，激活员工的活力，从而为客户提供更加优质的服务。

第 2 节　培养全员服务文化氛围

服务文化建设是企业整体服务文化的养成，而企业全员服务理念的形成，则是服务文化建设的基础。企业员工作为服务的主体，在服务传递过程中，是联系企业和顾客的纽带，员工的整体素质，将影响着服务营销文化的现实水平和潜在能力。

因此，通过培养全员服务文化氛围，能够增强员工的服务意识，也是服务文化建设的重点。

为了应对市场环境的变化，中国移动推出创新服务经验交流模式，积极建设服务文化氛围，以获取新的竞争优势。

另外，中国移动为了让公司上下形成浓厚的服务文化氛围，使服务文化深入全体员工内心，提升服务品质，开展了各种有益于服务文化建设的文娱体育活动，如“服务标杆班组”“阳光班组”“我的班长我的班”“星光大道班组建设”等丰富多彩的服务文化活动。

通过这些丰富多彩的活动，公司还选举了一批优秀个人和团队服务明星，作为服务文化宣传的典范，由他们带领全体员工积极建设服务文化氛围。这样的举措进一步增强了全体员工的凝聚力、向心力，为营造浓厚的服务文化氛围做了铺垫。

企业可以学习中国移动，通过开展一系列的服务文化活动，并让一些优秀的服务明星为企业做服务文化宣传的典范，从而培养全体员工对服务文化的认知，营造浓厚的服务文化氛围。

但是，不同的企业应该根据自身不同的服务文化底蕴，有针对性地培养全员服务文化氛围。如一些企业原本的服务文化氛围就较浓厚，只是没有将它形成文字、规范来要求全体员工，这时，就可以通过开展一些活动，让员工参与进来，让他们更直接地感受这种服务文化氛围。

另外，还应该将企业原本的服务文化，再结合一些新的服务文化理念，做成企业服务文化宣传手册，方便员工之间进行传阅，让员工更加了解企业的经营理念，也让客户更加直观地感受到该企业的服务文化。

对于一些创业型公司来说，服务文化氛围较弱，这时，领导者应该重点对员工进行相关的培训，逐渐培养这种服务文化氛围。通过坚持不懈的努力，每天都将服务文化践行在实际行动中，久而久之，创业型公司也会形成浓厚的服务文化氛围。

另外，每个企业都可以在企业内展示一些服务文化气氛浓厚的宣传标志和宣传语，时刻提醒全体员工遵守企业的服务文化，并开展各种有益于服务文化建设的文娱体育活动，以此培养全体员工对服务文化的认知，逐步形成企业服务文化的浓厚氛围。

之所以要培养全员服务文化氛围，是要让全体员工每天都沉浸在服务文化氛围中，这样，当他们向顾客提供服务时，就可以在无形中让顾客感知到来自企业的服务文化，从而增加顾客对此服务的满意度。久而久之，顾客们会习惯于这种服务文化，而不想再去别家企业体验服务。为此，企业建立服务文化建设就算是成功了。

因此，企业要想在服务上与别家企业拉开距离，就要培养全员服务文化氛围，只要每天付出一点点，就可以收获到丰厚的回报。

第 3 节　建立服务文化制度

一般来说，高质量的服务，意味着企业在面对意外时，能迅速灵活地做出决策，以防止意外事件扩大化而带来的危害，始终保持服务的完整性和舒适度。如果企业希望能为用户提供更加快捷的服务，其组织结构就必须高效简洁。

因为，如果组织结构不够高效简洁，就会妨碍员工开展服务工作，也就不可能为用户提供高质量的服务。所以，企业文化的建立必须要靠合理的制度来规范。

人们常说，无规矩不以成方圆，没有制度的保障，企业文化只能是肤浅的。科学、有效的服务文化制度，能够统筹兼顾、优化服务。服务管理机制的建立，能够明确分工服务职能，建立起横向到边、纵向到底、高效运作、业务素质高的企业服务管理网络。

某地一家公共汽车公司，为了在新的经济时代获得更好的发展，便努力创建新的服务文化。

在公司管理制度方面，该公司在原有服务规章制度的基础上，结合自身的实际特点，重新制定了一套规章制度，编制了各项新的工作管理流程，完善了岗位职责和标准，真正做到了岗岗有制度、有操作程序，人人有职责、有工作标准。

在员工行为规范养成方面，公司对每个员工的每个工作环节都进行了系统化的规范，按照三人形象、五人标准的要求，规定了员工要做到“十条标准”和“七条不准”，保证了服务文化理念在具体工作中的有效落实。同时，该公司着力建设服务技能培训的长效机制，以促进员工综合素质的提升。

在硬件设施方面，该公司制定了车厢设施配备标准，全面实施“文化健康进车厢”的创新服务内容。

通过这一系列服务制度的实施，使广大乘客对该公交的满意度和信赖度不断提升。

由此案例可以看出，要建立服务文化制度，就要从多个方面着手，如公司管理制度、员工行为规范、硬件设施的更新换代等。这些都是推进服务文化建设的必要因素。

建立服务文化制度，对企业的发展有着积极的推动作用，其中，长效机制是推进服务文化建设的重要保证，服务制度的完善则有利于服务的执行。因此，企业要构建先进的服务文化制度，就要对优秀的服务文化进行规范，建立长期的、科学规范的管理体系。

在具体实践过程中，企业可以把抽象的服务概念和服务要求变为具体的服务标准和守则，将其渗透到企业日常经营管理的全过程，实现服务与管理的有机结合，从而更好地推进服务文化的建设。

企业通过建立服务文化制度，能够让每个员工有章可循，积极配合企业的服务文化建设工作，使员工在向顾客提供服务时，也能遵照服务文化制度，为顾客提供最好的服务。

在这个服务至上的时代，顾客最重视的就是服务的质量。一个能为顾客提供优质服务的企业，就一定会得到顾客的支持。相比优质的产品，顾客会更青睐于优质的服务，因为，顾客越来越在意自己的感官感受，产品所能带来的感受毕竟有限。

另外，在产品同质化严重的今天，每个企业都能够为顾客提供优质的产品，顾客选择哪一家都没有什么区别。

因此，企业要想获得更大的市场竞争力，就只有在服务上面下功夫。而建立服务文化制度，就能够让服务在文化的熏陶中逐渐变得完善，令顾客感到满意。

第 4 节　培育全员服务行为

一个企业的服务行为如何，不是由某一个或几个人决定的，而是由全体员工共同决定的。因此，培育全员的服务行为显得尤为重要。

那么，如何培育全员的服务行为呢？最有效的方式就是，将服务理念植根于全员的思想深处，让全员自觉形成一种服务行为。因此，企业首先要将这种服务理念明确提出来，然后再用全员能够普遍接受的方式进行灌输。

沃尔玛作为全球零售冠军，这与它有着自己独特的服务文化体系分不开关系。在沃尔玛每个分店内，我们通常会看到“顾客就是No.1”“顾客就是老板”的标语，并且，沃尔玛还有一套关于顾客的言论：第一条，顾客总是对的；第二条，如有疑义，请参见第一条。

这些标语和言论是针对全体员工的，目的是要在每天的工作中潜移默化地培育全员服务理念及行为，如规定每个员工都要对三米以内的顾客微笑等。另外，沃尔玛内部有条不成文的规定：唯一允许迟到的理由就是“服务顾客”，还设有“委屈奖”，即面对顾客时，员工必须打不还手骂不还口，否则就会被立刻辞退或者受到相应处分。

为了激励全体员工积极遵守这些规定，沃尔玛开展了“优秀收银员”的评比，谁收到顾客写的表扬信最多，谁就将获此殊荣，并给予一定的物质奖励。由此可以看出，沃尔玛通过推出各种措施，是要让员工在每天的工作中不断提升自己的服务行为，使之成为一种自发行为。这种方式让沃尔玛既建立了浓郁的服务文化氛围，感染员工自觉服务，又提升了对顾客的服务质量。

沃尔玛的这种培育全员服务行为的方式之所以如此成功，是因为它建立了完善的服务文化体系，并设有明确的奖惩制度，让全体员工都能普遍接受。

因此，只有全员的服务行为保持一致，才能形成一种良好的服务行为，从而为客户提供更优质的服务，获得更多客户的支持。因此，企业应该明确培育全员服务行为的目标，并结合自身的特点，寻找一个最适合自己企业员工的培育方式，来培育全员的服务行为。

另外，在培育全员服务行为时，还应“因材施教”。每个员工的情况都不同，有些员工适合做幕后工作，有些员工则适合与顾客面对面地接触。因此，企业不应强制性地要求他们提供同样的服务，而应鼓励他们做各自擅长的服务领域，只要在基本的服务行为上保持一致就可以。这就是“求同存异”的实际运用。只有这样，企业才能得到更好的发展，也能最大限度地满足顾客的需求。

当一个企业培育了全员的服务行为之后，所有的员工都会不自觉地为顾客提供让他们满意的服务。因为，这已经成为一种习惯，员工在每天的工作中，都会被企业所培育的服务文化行为所影响，这就是培育全员服务行为的最大好处。

第11章

第二步：服务接触

消费者在消费过程中所接触到的服务都是服务接触，不同的用户对服务的预期与态度也不同，因此，他们对服务接触构成要素的要求也不同。若企业能够开发新的服务形式，提供优质的服务接触，则能提高消费者的满意度。

第 1 节　服务接触三元模式

服务接触三元模式是在服务接触中的三元体，即顾客、服务者和服务组织，他们共同完成一个服务接触的过程。

其中，服务组织是服务接触环境的提供者，让顾客和服务者能够在这个环境中享受服务和提供服务。除了服务组织以外，服务接触三元模式中的其他两位组成人员，在这个三元模式中所扮演的角色与执行的任务也各不相同。

顾客作为三元体之一，是在这个服务接触的环境中，享受服务者提供相关服务的人员。他们通过服务接触，享受服务者提供的服务，并以此来判断该企业的服务产品是否是他们想要的，以及自己是否要成为该企业的忠诚客户。

服务者一般是企业的员工，在服务接触中，为顾客提供相关的服务。他们将最优质的服务提供给顾客，让顾客满意，从而使顾客成为企业的客户，并购买服务产品，以此来为企业创造利润。

由此我们可以看出，在这个三元模式中，主要是围绕顾客而展开的一种服务接触过程。服务者如何让顾客积极参与到服务接触中来，是他们的首要任务。因为，只有顾客愿意参与其中，服务者才能提供相关的服务，再进行后续的一些合作。

但是，在实际的服务接触中，并不是完全由服务者决定该提供怎么样的服务，而要看在特定的服务接触三元模式中，谁占据主导位置。如果是在服务者主导型的三元体模式中，服务者就拥有很大的自主权，可以根据实际情况为顾客提供适当的服务，如果有突发状况出现，服务者也能够根据实际情况做出不同的改变，以满足顾客的需求。

若在顾客主导的模式中，顾客则可以主动要求服务者提供怎样的服务。这样的模式，能够最大限度地令顾客满意，因为顾客可以自主选择服务方式和内容。但是，在这种模式中，服务者变得比较被动，不能按照既定模式进行服务，容易在服务过程中出现意外事件。

但是，无论采用怎样的模式，都是为了让顾客满意，使其成为企业的长期客户。因此，只要顾客有需求，服务者都应尽量满足。另外，服务者也应提高自己应对意外的能力，在满足顾客的服务需求时，减少意外情况的发生，更能获得顾客的满意。

如果企业能够正确看待服务接触三元模式中的每一个角色，就会了解顾客需要什么样的服务，服务者也知道怎样做才能满足顾客的需求。并且，企业还可以通过改变三元模式中的一方，对服务做出一些改变，以满足不同顾客的服务需求。

第 2 节　挑选和培训与用户接触的员工

在服务接触的三元模式中的服务者，也就是企业的员工，是直接为顾客提供服务的人员，他们提供的服务如何，决定了顾客是否会购买该企业的服务产品，在一定程度上影响了企业的收益。

因此，企业在选择与用户接触的员工时，应该给予足够的重视，可以通过严格的挑选和培训，来保证这些员工能够出色地完成任务。

首先，企业在挑选与用户接触的员工时，不应掺杂任何私人感情，应根据每位员工平时的表现进行判断，从他们在不同方面所作出的业绩加以全面分析，最终选出真正适合的员工。

为此，企业可以通过一系列的测试进行选择。如让员工轮流扮演用户的角色，对他们的表现进行分析，也可以结合这些员工平时的表现，建立一个评分制度，两项的总分最高者就是最合适的员工。

其次，当挑选完合适的员工后，还要对这些员工进行培训，以弥补他们在服务中的不足，尽量让他们的服务水平达到最优。为此，企业的领导还可以再举办一次实操演练，领导扮演顾客，对服务中的员工进行“百般挑剔”，以改善他们的服务。

另外，企业还应告诫员工在为用户提供服务时，务必要遵守一些规则，如绝不与用户发生争执，即使发生误会，也应第一时间解决，不能对用户实施不礼貌的行为。如果出现突发状况时，企业还应教这些员工如何应对，尽最大努力，让这些员工掌握更加完善的服务技能。

企业对员工的挑选和培训，应建立在公平、公开的原则上，尽量挑选出最适合与用户接触的员工。毕竟，所挑选出来的员工都需要与用户进行接触，帮助顾客解决问题。这就需要员工除了有过硬的服务知识以外，更要有应对意外的能力以及谦和的服务态度。

如果人员挑选不当，就会直接影响用户对该企业的印象，情况严重的还会失去这个顾客，甚至失去以这个用户为中心的所有顾客，这对企业来说，是非常巨大的损失。

因此，企业应严格通过这两个方面的挑选和培训，确保企业所选择的员工能够为用户提供最完善的服务，并赢得用户的青睐。

但是，当挑选出了一批合格的员工之后，这项工作并没有结束，企业还应该继续为挑选和培训下一批员工做准备。这样，不仅会让企业拥有源源不断的优秀员工，也能让被挑选上的员工有竞争压力，让他们意识到，如果不好好服务用户，就会被其他服务员工换掉。

因此，企业在挑选和培训与用户接触的员工时，应从多方面考虑，为企业储备更多的优秀服务人才，提升自己的竞争力。这是一项长期的工作，企业要做好打持久战的准备。

第 3 节　不同用户的预期和态度

企业为用户提供的服务，并不能满足所有用户的需求。因为，不同的用户，对服务有不同的预期和态度。

同样的服务，有些用户感到比较满意，有些用户则感到失望。面对这样的情况，企业如何最大限度地让所有用户都满意，是企业急需解决的问题。

在体验经济时代，不同的用户对服务有着不同层次的预期和态度，企业想要在商品同质化的今天，赢得服务竞争优势，就要针对不同用户的预期和态度，设计、提供不同的服务接触和服务标准。

首先，按照用户的需求，将用户进行分类。企业通过一系列的调查，在了解用户的不同需求之后，再将用户进行分类。比如，将一些对于服务细节特别挑剔的用户分为一类，对服务有一些特殊要求的用户划分为一类，将拥有相同需求的用户划分为一类，便于后期统一提供服务。

企业将用户种类划分得越细致，就越容易满足他们的需求。因此，在这一环节，企业应花费大量时间去研究怎样分类之后的效果最好。

其次，当用户被分类之后，企业就要针对他们不同的需求，推出能令他们满意的服务，再分别服务于他们。这样，就能最大限度地让所有用户都感到满意。

例如，对于一些有较多时间、又喜欢购买便宜商品的消费者，企业可以在客流量最少的时候，向他们推出打折优惠产品。这样，就可以满足他们的消费需求，也带动了这一时间段的客流量。而对于那些需要高质量和高服务的消费者，企业可以专门为他们定制产品和服务。这样，既能满足他们的消费需求，企业也可以从中赚取一定的利润。

一般情况下，用户需求什么样的服务，企业就应提供什么样的服务，这样才能让用户满意，才能让他们成为企业的忠诚用户，不断为企业带来更多的收益。虽然如此，企业在为用户提供服务时，也应掌握尺度，如果用户所要求的服务有损企业的利益，也应坚决拒绝。

虽然这种情况不常见，但是也应考虑到，这样才不会在紧急时刻犯错误。企业面对的用户越多，所遇到的意外事件也就会越多。因此，企业在尽心尽力为用户提供服务时，也应考虑全面，不要为了赢得用户的好感而甘愿损害企业的利益。否则，企业就会得不偿失。

但在通常情况下，对于不同用户的预期和态度，企业还是应尽量满足，而不应对此视而不见。许多大型企业仗着自己产品不错、品牌的口碑也较好，就无视用户不同的需求，强制提供一种服务，最终导致用户渐渐远离它，这些企业最终也只能被市场所淘汰。

因为，这是由消费者主导的买家市场，而不是由卖家说了算的卖家市场。不论你的企业规模多么大，资金多么雄厚，还是要服务好每一个消费者，这样才能在市场上立足。中国的企业非常多，消费者根本不必担心没有比你更好的企业。

在互联网时代，企业之间的竞争日益激烈，赢得用户才能赢得未来。因此，企业一定要先发现不同用户对服务的预期和态度如何，再尽力满足他们，从而赢得他们的支持，才能在市场中得以生存。否则，不管你的企业规模有多大，也一样会被市场淘汰。

第 4 节　服务接触的真实瞬间

用户无论是在实体店还是在网店中选购商品，都会接触到服务人员的服务、推销，用户在这一过程中，通过与服务人员的互动，会对服务产生一个基础评价。用户和企业之间的每个“相互作用或服务接触”就是服务接触的真实瞬间。

在服务过程中，一个特定的时间和地点，用户与企业进行服务接触的过程，是企业向客户展示自己服务质量的最佳时机。但是，这个时机是转瞬即逝的，一旦错过，服务交易即宣告结束，企业就无法改变客户对企业服务质量的感知。

星巴克是全球最大的咖啡连锁店，它从来不靠广告维护品牌，它的营销重点在于服务好顾客。星巴克的老总舒尔茨认为，服务是一门艺术，使用真诚服务一定能促进销售。

于是，星巴克通过咖啡这个载体，努力将浪漫的格调传递给顾客，让顾客在店内的体验化作一种内心的体验。对此，星巴克非常重视服务接触的真实瞬间，要把最好的一面展现给顾客。

为了了解客户的真实需求，星巴克特别重视与客户之间的沟通，倡导真诚地对待每一位顾客。他们认为，只有采取一对一的方式，才能迅速让客户对星巴克产生信任感，继而形成良好的口碑。

对此，星巴克的每一位服务员都要接受一系列的培训，从而拥有最专业的服务知识与服务热忱，做到能预感客户需求，满足顾客需求，并建立长久的客户关系。

通过服务真实瞬间的接触，用户才能对服务的质量做出评价，这也是用户评价服务质量的关键点。星巴克的成功就是在真实瞬间为顾客提供了最好的服务，抓住了消费者的需求关键点，也就赢得了顾客的满意度，久而久之便形成了自己的品牌文化。

其实，真实瞬间既是成功点，也是失败点。因为，一旦真实瞬间出了问题，则会带来无法挽回的后果。如果真的要补救，也只能在下一个“瞬间”。而后果是，企业可能付出很大的代价却未必能收到好的效果。

因此，企业应做好充分的准备，尽量不让意外情况发生。因此，服务人员不仅要谨慎做好当前的服务工作，更需要在平时多积累服务知识，并应用在实践中，从而培养出足以应对意外事件的服务能力。

为此，企业在招聘服务人员时，应从优选择，还应对服务人员进行相关培训，尽量保证每个与用户接触的服务人员，都有足够的能力让用户感到满意。这样，就会减少在服务接触的真实瞬间出现失误的次数。

第 5 节　服务接触失误

消费者在购买某一产品或服务之前，会在心里对购买过程中的服务有一定的预期，如果在服务过程中，顾客无法获得预期的期望值，顾客就会感到不满意，这就是服务接触失误。

如果出现服务接触失误，消费者就会远离这家企业，寻找其他企业，直到找到一家能够满足他心里的服务预期的企业。这对企业来说，无疑是一种损失。

因此，企业在为消费者提供服务时，应避免服务接触失误的发生，尽量在了解消费者的需求之后，再提供他所需要的服务内容。

美国联邦快递公司是全球最大的快递企业，以快速、安全及提供隔夜传递而著名。然而，在其发展过程中，它也曾像其他快递公司一样出现过服务接触失误，如配送延误、邮件丢失、拒绝开箱验货、拒绝代收货款等问题，这些问题一度让它失去了很多顾客。

为了改变现状，该公司利用Powership自动系统跟踪货件的行踪资料，以及时了解服务类别、送货时间及地点。这样服务人员便可以及时了解到是否发生服务接触失误，并在第一时间采取补救措施。

该公司还要求服务人员对相关信息进行收集整理，建立数据库，以改进内部服务流程，减少服务接触失误的发生。

不仅如此，联邦快递非常重视对员工的培训，制定了相当严厉的培训制度。同时，它还大胆对一线服务员工进行授权，争取在第一时间解决顾客提出的问题。这一系列对服务接触失误的补救，使联邦快递又重新赢得了客户的信任，并逐渐发展成国际性速递集团。

由这个案例可以看出，当出现服务接触失误时，企业不应放弃，可以通过一些应急方案进行补救。当企业付出足够多的努力之后，消费者也会感受到企业的改变，加上越来越完善的服务，消费者会再次信任该企业。

虽然这个过程很难，但只要有一线生机，企业就应努力尝试。否则，放任自流才是真正的毁灭。

总之，企业是在发展中不断地完善自身的服务机制的，加上消费者需求的不断变化，不可避免地会出现服务接触的失误现象。因此，面对服务接触失误的现象，企业要不断完善服务流程设计、服务系统传递，加强对员工的培训，利用网络新技术建立数据库，实时掌握顾客的需求变化，在减少服务接触失误的同时为服务补救提供有利条件。

第6节　服务接触点管理

服务接触点管理是指，企业决定为客户提供服务时，选择什么时间、地点以及如何接触的方式，以能够达到预期的服务目标，围绕客户在接触的过程与结果中，所展开的一系列的管理工作。

企业对服务接触点进行管理，目的是让客户感到满意，实现营销效益的最大化，并因此获得用户对品牌的忠诚度。

但是，企业要做好服务接触点管理，就要先弄清楚目标客户的所有接触通道。掌握了目标客户群的所有接触通道之后，企业对此进行分析，就能找出诱发客户购买某种产品或服务的重要接触点，然后再对这些接触点进行管理，从而让客户对自己的产品或服务产生购买冲动。

那么，企业如何能够在众多的接触点中，找到最正确的那个接触点，再以合适的方式向客户提供他们所需的产品和服务呢？

随着互联网技术的不断发展，客户所接触到的接触通道也在不断增加，如网络营销，让这些接触通道变得更加复杂。企业要找出客户所接触的通道的正确接触点，也变得复杂起来。而且，就算找到正确的接触点，又该以什么样的方式，向客户推荐自己的产品和服务，也是一个问题。还有，企业又如何保证所推荐的服务或产品就是客户最喜欢的呢？

这一系列问题，都需要企业对服务接触点进行细致管理，并从中找出答案，这也是企业进行服务点接触管理的主要目的。

一般而言，管理好目标客户的相关资料，是管理服务接触点的有效方式。因为，掌握了目标客户的相关资料之后，对于他们所接触的营销通道也会比较了解，以此再进行服务接触点的管理，就会比较轻松，也更容易成功。

在市场竞争如此激烈的时代，企业要主动出击，通过各种途径找出客户购买某种产品和服务的接触点，再对这些接触点进行深入分析，从中找到能够让客户满意的服务和产品的方案，就能赢得客户的支持，从而提高产品的市场占有率，赢得未来。

企业对客户的服务接触点进行管理，有诸多好处，也有诸多挑战。但是，为了让企业更具市场竞争力，企业必须对客户的服务接触点进行管理。

第12章

第三步：服务传递

企业在为客户提供服务的过程中，用什么样的方式将服务传递给客户，客户才能享受到企业原本打算传递的服务，并获得良好的服务体验呢？在体验经济时代，这是企业应该着重考虑的问题。

第 1 节　服务传递中的员工角色

顾客在消费的过程中，员工是其最为直接的接触者。员工在企业的服务传递中，扮演着极其重要的角色，将直接影响到企业在顾客心中的形象，决定顾客的服务体验。

因此，作为在服务传递中，与顾客有着直接接触的员工，要时刻从顾客的角度出发，对自己在服务传递中的角色有一个整体认知。

一般来说，在服务传递中的员工要扮演以下几个角色：

1. 员工就是服务

作为企业服务传递的提供者，员工本身就是服务。员工的素质、修养、业务水平、沟通能力，在顾客看来，都是服务。这也是航空公司在招聘乘务人员的时候，会在整体形象上严格要求员工的原因。

员工在向顾客销售产品时，要做到礼貌、热情、贴心、周到，因为，这在顾客来看，都是凝结在产品之内的附加价值，这种价值会让顾客得出这样的结论：产品不错，服务态度也很好。当顾客给予这样的评价之后，也就意味着他愿意下次还来购物，甚至愿意成为该企业的忠诚客户。

因此，对于企业员工来说，素质的自我修炼必不可少。这样才能在服务顾客的时候，更好地展现出自己优秀的服务水平，提升其对企业的总体印象。

2. 员工就是组织

在顾客的眼中，员工就是组织。因为，员工服务水平的高低，代表了整个组织的服务水平，尤其是一线员工。不少企业认识到这一点，花大量精力培养一线员工，为的就是让他们代表整个组织去接触顾客、影响顾客的判断。

但是，这样做也只能在一定程度上缓解顾客对一线员工的印象，并不能提高所有员工的服务水平。久而久之，顾客还是会从中看出破绽。因此，为了提高服务人员的整体水平，企业应对所有的服务人员进行培训。虽然这样做需要花费大量的人力、物力和财力，但从长远来看，还是利大于弊。

3. 员工就是品牌

品牌是顾客对产品及产品系列的认知，是企业的无形资产。在很多情况下，员工也在顾客品牌认知的范围之内。尤其是服务型行业，一线员工就是品牌，他们同服务一样，是品牌的核心。因此，员工在任何时候都要注意自己的形象，否则会影响顾客对该企业的印象，也会影响顾客对该品牌的印象。

4. 员工就是营销者

在企业的服务传递中，服务员工的第四个角色便是营销者。很多企业在招聘员工的时候，会尽量选择那些与企业文化、理念相契合的人员。因为，员工是重要的营销者，他将对顾客的消费行为、服务体验产生重要的影响。

以上四种身份就是员工在服务传递过程中所扮演的角色。对于企业来说，应提醒员工要灵活地转变自己的角色，以给顾客提供最优质的服务。对于员工来说，更应该时刻谨记每个角色的职能，力求扮演好每个角色。

第 2 节　服务员工的关键作用

在企业的服务传递中，员工扮演着多重角色。其中，员工是企业服务的生产者和传递者，在服务传递中发挥着极其关键的作用。

通常情况下，顾客会通过员工接触到企业的服务，并感受到企业的服务理念，最终会依据员工的表现以及服务内容带给自己的利益，对企业的服务质量做出评价，这种评价将直接影响到企业的口碑和顾客后续的消费行为。

因此，员工所起的作用非常重要，如何发挥出员工的关键作用，让他们提供的服务令顾客满意，是每个企业都应该着重考虑的问题。

首先，企业要树立正确的服务观念，并用这些观念去影响员工。一个员工的表现如何，在很大程度上，要看这个员工处在一个什么样的环境中。如果员工所处的环境，是一个具有优良服务精神、把顾客放在第一位的环境，这些员工也会受到这种环境的感染，从而为顾客提供最优质的服务。反之，则提供不出优质的服务。

因此，企业应努力营造一种具有优良服务精神的环境，让每个员工每天耳濡目染，逐渐养成良好的服务习惯。并且，通过这种方式影响员工的服务行为，更加简单、有效，也能真正使员工真正掌握服务的内涵，提高员工的服务水准，使员工更容易赢得顾客的满意。

其次，企业建立明确的奖惩制度来引导员工的服务行为。只有建立明确的奖惩制度，才能引导每位员工时刻为顾客提供最优质的服务，发挥出员工的关键作用，从而获得顾客的满意，为企业赢得更多的支持者，树立良好的口碑。

奖惩制度可以让每个员工都明确自己的职责，从而规范自己的行为。每个员工都希望得到奖励，不想被惩罚。在这种观念的驱动下，员工就会打起十二分精神，不敢怠慢任何一个顾客，并力求为顾客提供最优质的服务。

并且，由于奖惩制度的存在，每个员工之间都存在一定的竞争，为了争取到最高奖励，他们会把提高自己的服务质量作为首要竞争武器，从而不断提升整个企业的服务质量。

众所周知，口碑对企业来说是发展的关键。一般而言，企业若想在服务上获得良好的口碑，需要有一批具有良好服务精神、服务意识并具备专业服务技巧的员工。而员工自身的素质、修养和服务意识，决定了企业的服务质量，直接影响到顾客的服务体验。同时，在产品同质化严重的今天，仅仅提供好的产品已经无法满足顾客的需求。优质并具有个性化的服务，才能让顾客在众多的企业中选择你，并成为你的忠诚客户。

每个服务人员都代表着企业的形象，通过正确的引导，能够让他们发挥出重要的作用。这样，不仅能够帮助企业得到更多的忠诚顾客，更能帮助企业树立良好的口碑。

第 3 节　服务传递情感

人是感性动物，情感最能打动人心。所以，不少企业开始用情感来打动顾客。由于顾客和企业之间多了一层情感关系，彼此间的距离就变得更加接近，也就更能包容对方、支持对方。

可以说，情感是服务传递最直接有效的方式。

因为，情感存在于人与人之间，服务的传递就是员工与顾客的直接接触行为，以优质的服务为桥梁，必然会让顾客感到满意，也必然会为顾客带来不一样的情感体验。

圣诞节前夕，在飞往卡尔加里的飞机上，乘客们都百无聊赖地在目的地机场等待传送带上自己的行李时，却意外地在上面看到写着自己名字的圣诞礼盒。众多乘客都表情惊愕，当知道是加拿大航空公司送的圣诞节礼物时，都非常欢喜，继而被感动。

因为，每位乘客都因为一些事情没有办法跟家人一起过圣诞节，本来心情是比较沮丧的，航空公司却在这时及时地送给他们圣诞节礼物。虽然礼物不是很贵重，却让他们深刻感受到了加拿大航空公司贴心的服务，更深深地体会到礼物背后的温情。

加拿大航空公司的这次举措，让这些乘客深深被感动，无疑提高了他们对该航空公司的忠诚度。这就是企业在传递自己优质服务的同时，向所有旅客传递的一种情感表达，以感情打动人心。

作为服务行业，为乘客提供优质而贴心的服务，一直是所有航空公司所秉承的理念。在众多航空公司都在下血本打造优质服务的时候，最能击中乘客内心、让乘客获得情感体验的服务，才是最优质最成功的。

加拿大航空公司便从此入手。作为西方最重要的节日，圣诞节是每一个人都不可不过的日子。而在这个日子里面，乘客意外地收到除家人、朋友之外的人提供的礼物，对于每一个人而言都是一个惊喜，也更能打破人与人之间的城墙，体会来自陌生人的温暖。

由这个案例可以看出，能够传递情感的服务，最能打动人心。因此，企业在为顾客提供服务时，不应只考虑服务的质量水平如何，更应该从顾客角度出发，以情感动人，才能触动顾客心中最柔软的那根弦，从而提高顾客对企业的忠诚度。

服务不是程序化、僵硬化的，真正能够打动人的服务，是带有情感的传递。因此，企业的服务传递，传递的不仅仅是企业想要获得认可、能够获得利润的部分，更重要的是传递情感，满足顾客的情感期待。

只有能够传递情感的服务，才能真正为顾客带来美好的体验，甚至带来惊喜，也只有这样的服务，才能被顾客接受。

总之，员工在进行服务传递时，要学会传递情感，让情感来维系企业与顾客之间的关系。这样，不仅能让顾客感动，更能给企业带来丰厚的回报。

第 4 节　服务传递价值

服务能为企业创造价值，优质、贴心、有特色的服务，会吸引到更多的顾客，为企业带来更多的利润。同时，服务也能传递价值。

心理学研究发现，人们对未知的事情缺乏安全感，常常会感到不安、焦虑。在商业活动中，顾客心理上的不安全感更加强烈，并会在消费过程中对产品以及产品的提供者产生不信任感。

在强调服务至上的时代，优质的服务能向顾客传递价值，让产品增值，从而消除顾客心理的疑虑。

企业如何在服务的过程中向顾客传递价值，让顾客满意呢？这需要做到以下三点：

1. 售前服务多元化

在互联网时代，顾客更注重体验感，并贯穿在整个购物过程中。因此，企业提供的服务不能局限在"售中"，还要注重"售前"的服务。

售前服务要多元化，要尽量满足顾客的需求，如根据顾客的具体情况为顾客量身定制产品。这样，更能让顾客感觉到企业的用心，也会大大提升对企业的好感。

其实，优质的售前服务也能让顾客产生快速购买的冲动，甚至跳过"售中"环节，直接购买，这都是时常会发生的事情。因为，售前服务就是引导顾客消费，让顾客对产品有全面的了解，顾客对产品了解得越透彻，就越容易做出购买行为。

2. 售中服务专业化

售中的服务要专业，这很关键。因为，售中服务会直接影响到顾客的购物体验感。而员工的专业度，会影响到顾客对产品的价值判断。比如，同是一款服装，如果销售人员只是笼统地介绍服装的材质，就很难让顾客对服装形成自己的价值判断，更不会产生“物超所值”的感觉；如果销售人员不仅详细专业地介绍服装的材质，还将顾客的体验连接在一起，结果便会完全不同。

售中服务是影响顾客是否购买产品的关键，如果销售人员使用专业化的语句回答顾客提出的问题，顾客就会对该产品产生不错的印象，进而购买该产品。因此，作为销售人员，不仅要能够提供多元化的售前服务，更要在售中服务过程中，表现得专业化，这样才能促成成交。

3. 售后服务增值化

世界著名管理大师彼得·德鲁克说：“售后服务才是销售一件产品的真正开始。”然而，不少企业并没有意识到这一点，常常觉得只要将产品销售出去，赚到钱了便万事大吉。这种思想非常不正确。尤其是在以用户为主导的时代，服务仅仅停留在售前、售中，已经不能让顾客感到满意。企业若想让顾客感到“物超所值”，一定要在售后下足功夫。

尤其对于需要进行多次售后的产品而言，优质的售后服务是顾客选择该产品的重要因素。企业通过让售后服务增值，就能够赢得顾客的支持，使其更加忠诚于该企业。因为，每个企业的产品可以一样，但是售后服务却可以不同，而顾客只肯为优质的售后服务买单。

因此，企业要想售后服务增值，只有用心解决顾客的问题，让顾客感觉到自己得到的远远超过自己所付出的，这样才能让顾客满意，甚至惊喜，才能赢得顾客的支持。

第 5 节　服务传递过程中的员工管理

在这个服务至上的时代，服务员工是决定企业在市场中能否占据优势地位的关键因素，因为他们的所作所为将直接影响顾客对企业的印象。

因此，在服务传递过程中，员工的管理很重要，是提高企业服务质量的基础，同时也是改进企业服务质量的关键。

在这里，我们要从员工角色和角色行为两个方面对员工进行管理。

1. 员工角色管理

在服务传递过程中，员工不仅仅是员工，它还代表了服务、服务组织和品牌，同时也是企业产品的营销者。

企业要做的就是，让员工对自己的多重角色有一个正确的认知，并依据不同的角色，给予员工特定的角色期望，即在一定的范围内允许他们做什么，禁止他们做什么。比如，在海底捞餐馆中，企业允许服务员工给客人免单，但不允许员工做任何损害客人利益和有损餐厅颜面的事情。当企业给予员工这样的角色认知之后，员工便会明白自己在这个角色中应该做什么，不应该做什么。

当然，为了让员工接受自己的角色并做出正确的行为，企业不能单单只是命令他们，而应让他们明白这么做的道理，并给予他们一定的回报。为此，企业可以采取相关措施，提高员工的工作积极性，比如薪酬奖励、工作岗位的提升、发放奖金和福利、提供更加良好的工作环境等。

这样褒贬有加的行为，能够激发出员工的潜力，让他们为了得到自己想要的待遇而努力拼搏。同时，为了避免犯错误，他们也会牢牢谨记企业对他们的忠告。

2. 员工角色行为管理

员工角色行为虽然是个体行为，但它却会影响企业整体的形象，甚至会影响顾客对企业的服务印象。

一般来说，员工的角色行为分为三种：一是企业采取一定的激励措施，让员工自愿为企业奉献；二是员工正确扮演工作中的角色，能完成企业分配的工作任务；三是员工主动创新，超越了企业给予的角色期望。

在这三个角色行为中，第三种是企业最希望员工拥有的角色行为。

企业若想为顾客提供满意甚至是惊喜的服务，就要充分挖掘员工的第三种角色行为。为此，企业要先了解员工的需求，并依据其需求采取一定的奖励措施，从而激发其积极正面的行为。

由此可见，企业要管理好员工并非易事，不是一朝一夕能完成的。对此，企业要坚持不懈，并将此作为企业的一项长期工作内容，企业也一定会因此有所收获。毕竟，服务员工是企业的中流砥柱。

综上所述，企业从员工的角色和角色行为两方面入手，采取一定的措施，积极引导员工向正确的方向发展，就能很好地管理员工，提升其服务水平，让顾客满意。

第 6 节　自媒体时代，服务传递策略

互联网的快速发展使信息的获取方式发生了巨大的转变，人们由信息的被动接受者，成为信息的制造者、传播者。这种信息传递的方式，改变了以往的单向性传播，向交互性传播模式发展。

互联网时代的信息传播具有及时性、公开性、社会性等特点，加上网络技术的不断发展，共同促成了社会化公众媒体的产生，使人类步入自媒体时代。

步入自媒体时代，企业的服务传递策略，也需要随着时代的发展而不断改进，并对用户不断变化的需求，做出相应的改变。

在自媒体时代，人人都是信息的制造者和传播者，公众的参与意识大大增强。这就意味着，企业的服务传递要容纳顾客，向顾客兜售参与感，让顾客参与到服务提供的过程中，这样才能提升顾客的体验感。

为了达到这样的效果，企业具体要做到以下两点：

1. 让顾客参与到服务的“私人定制”中

让顾客参与到服务的“私人定制”中，是自媒体时代服务传递的重要策略。

虽然，顾客在消费过程中喜欢进行多方比较，但是，消费心理学却表明，太多的选择会让顾客更加难以抉择，甚至会降低顾客的满意度。而“私人定制”既能迎合顾客的喜好，让顾客体会到在服务传递过程中

企业所做出的贡献，同时也会增加顾客的满意度和体验感。

在企业的服务传递过程中，顾客扮演着重要的角色，是评价企业服务质量和满意度的贡献者。企业服务的“私人定制”能够让顾客的角色得到充分的发挥，有助于企业服务质量的提高。

但是，由于“私人定制”所需要的服务成本较高，企业最好将这种服务方式进行分类，可分为需要花费高额成本和需要花费少量成本两种。这样，企业再根据不同的顾客，实施不同的“私人定制”服务，让普通顾客享受最普通的、花费最少的“私人定制”服务，让 VIP 顾客享受最高档的“私人定制”服务。

这样，不仅能够节约企业的服务成本，也能让 VIP 顾客得到更大的满足感，让普通客户享受“不一般”的待遇，从而提升所有顾客对企业的满意度。

2. 参与服务的评价

在我们没有进入到互联网时代之前，如果我们不满意商家的服务时，通常只能吃哑巴亏，除了告诫自己不再在此消费，并在较小的范围内影响到身边的人之外，并不能做出更大的改变。

然而，到了互联网时代，又迎来了自媒体的到来，商业社会进入到用户主权的时代。顾客对于不满意的产品和服务可以大声说出来，还可以通过社会化公众媒体进行广泛地传播，形成较大的影响力。

这样，企业为了维护自己的公众形象，也会认真对待每一个用户，从而让用户享受到企业最高级别的待遇，提高他们对企业的满意度。

用户主权的到来，代表企业必须要让用户参与到服务的评价中。这是用户要求的自主权，同时也是在自媒体时代，企业进行服务传递的另一个重要策略。

因为，让用户参与到服务的评价中，不仅能得到他们的反馈，从而改进自己的服务，让服务更加迎合用户的需求；同时，也更容易获得用户的忠诚度，而好的服务评价则能够有效地扩展企业的口碑效应。

第13章

第四步：服务承诺

在互联网时代，消费者的维权意识变得越来越强烈，只要在消费中受到不合理对待时，他们就会强烈要求得到赔偿。这就对企业提出了要求——在给消费者提供产品时做出一定的承诺，以加强消费者对企业的信任。

第 1 节　服务承诺的形式

服务承诺是指企业在向顾客提供服务时，向其许诺一定水平的服务质量，并许诺如果达不到标准，就会做出相应的赔偿。

在互联网时代，企业做服务承诺显得很有必要。因为，服务是无形和短暂性的，其服务质量并没有一定的标准。这就在一定程度上加大了顾客在消费过程中的疑虑。这个时候，企业为了吸引顾客，就需要对顾客做出一定的服务承诺，增加其购买的欲望，这对顾客、对企业说都有利。

否则，顾客就会因为担心服务风险问题，拒绝接受企业所提供的服务内容，从而拉开了顾客与企业之间的距离。这时，如果企业能够对顾客做出服务承诺，也就不会出现这样的情况。

一般来说，企业的服务承诺有四种形式：

1. 通过企业的经营目标、原则和宗旨表现出来

一般情况下，在企业的经营目标和服务宗旨中，会表现出对顾客的服务承诺。这种形式的承诺，是企业服务承诺的高度总结，是企业服务精神和服务理念的高度概括。比如，沃尔玛的经营原则是“服务胜人一筹，员工与众不同”。它的这个经营原则就是它的服务承诺，即为顾客提供比竞争对手还优质的服务。在实际中，沃尔玛也坚持了这个原则，

从而在广大顾客心中树立了卓越的品牌形象。

通过这种方式做出的承诺更有说服力，也能够吸引更多的顾客。但是，既然做出这种承诺，企业就必须在每天的实际行动中表现出来，让顾客真实地感受到。否则，让顾客失望的结果会是，顾客果断抛弃该家企业。

2. 通过一定的传播媒介，树立良好的企业形象

企业还可以通过一定的传播媒介，向顾客做出服务承诺。比如通过传统媒体，如电视、杂志等做出承诺，或者通过新媒体，如官方微博、微信公众账号、官方网站等做出承诺。

企业通过这种形式做出的承诺，具有一定的公信力，对打造企业品牌形象有很大的帮助。当然，如果企业不能兑现自己的服务承诺，则会严重损害企业的形象。

当然，这对企业来说，也是很大的挑战，一旦企业因为主观或者客观原因，而没有兑现服务承诺，那么，该企业在公众的印象里将会大打折扣。因此，企业对顾客做出的服务承诺一定要切合实际，要在企业力所能及的范围之内，这样才不会让企业陷入无法兑现服务承诺的尴尬境地。

3. 通过海报、公告的形式表现出来

企业还可以通过公司的宣传海报、公告等形式，表现出对顾客的服务承诺。这种承诺同样具有公信力，会对企业的服务行为产生一定的约束力，让顾客更加放心。

但是，这种承诺方式由于受地区限制，不能被更多的人知道，企业只能在消费人群密集处张贴宣传海报，才能取得一定的效果，如在住宅

小区门口。

4. 服务人员向顾客直接表达

除了上面三种，企业还可以通过服务人员向顾客直接表达的方式，对顾客做出服务承诺。在这种形式中，服务人员可以向顾客做出口头承诺。但是，口头承诺并不具有约束力，往往不能让顾客信任。

这个时候，最好的服务承诺，应该是在服务人员向顾客提供服务的过程中，通过服务人员的具体服务行为以及所表现出来的素养来呈现，这样很容易在服务人员和顾客之间建立一种心理契约，以此做出的口头承诺就具有一定的信任度。

这四种承诺形式各有优缺点，企业可以选择适合自己的加以利用，也可以适时做出调整，只要能够增加顾客对企业的信任感，就是最好的服务承诺形式。

第 2 节　服务承诺的作用

服务承诺可以把企业抽象的服务理念，变为可量化的服务指标。对于企业来说，服务承诺的存在有着非常重要的作用。

一般来说，服务承诺的作用，具体表现在以下几个方面：

1. 降低顾客担心的服务风险

服务不像具体的产品，顾客对其质量能有一个较为直接的认知。同有形的产品相比，服务是看不见摸不着的，具有无形性。同时，服务是生产和消费同时进行的特殊产品，服务人员的素质和修养，将直接影响到服务的最终质量。

于是，在服务的无形性和短暂性的特点之下，便加大了服务的不确定性和风险性，影响到顾客的购物欲望。然而，企业做出一定的服务承诺，就可降低顾客心中所担心的服务风险，让抽象的服务变得可量化、可感知，在一定程度上让顾客产生信赖感。

其实，服务的风险并不像想象中的那么大，只是由于它的不可预测性，才让顾客感到担心。企业通过对服务做出一定的承诺，顾客就会认为这种服务有保障，也会比较安全，于是便放心去体验。因此也可以说，企业做出的服务承诺是给顾客吃了一颗“定心丸”。

2. 提高顾客的忠诚度

一般情况下，对于同类的两个服务，如果一个做出明确的服务承诺，另一个没有做出，消费者多会选择做出明确服务承诺的企业。因为，服务承诺在顾客眼中就相当于品牌，对顾客是一种刺激，可以提高顾客的忠诚度，让顾客放心消费。而且，他们还认为越是正规的企业，越会对顾客做出服务承诺，其服务承诺也越明确。

服务承诺就像一把保护伞，给了顾客一种安全感，让他们能够放心购物，久而久之，也就对该企业形成依赖，变成该企业的忠诚顾客。

3. 增强企业的营销效果

服务承诺可以降低顾客心中的疑虑，让顾客对服务人员、企业放心，并保证服务的顺利进行。同时，服务承诺也会增强企业的营销效果。在这里，服务承诺又充当着宣传武器的作用，可以吸引一定的客流量。

由于服务承诺能够让顾客对该服务放心，顾客就可以安心享受该服务。如果一个顾客感到服务体验度很不错，就会成为该服务的宣传者，为企业带来更多的顾客。

4. 有助于营造企业氛围

对企业内部而言，服务承诺是团队口号，它可以让员工更加热情地投入到对顾客的服务中去，在一定程度上有助于营造良好的企业氛围。因为，有了服务承诺，员工也可以放心对自己的服务行为进行担保，不必担心后期的售后问题。

这些都是服务承诺的作用，对于顾客、企业和员工来说，都有极大的好处。因此，企业应在力所能及的情况下，对自己所提供的服务做出服务承诺。这样，不仅可以让顾客放心，也能让员工放心地为顾客服务，更能增强顾客对服务的满意度。

第 3 节　服务承诺的设计

企业的服务承诺设计很重要，尤其在这个注重服务的时代。服务承诺设计得好，会给顾客留下好的印象，刺激顾客消费，同时也会约束企业的行为，让企业的服务更加优质。如果服务承诺设计得不好，将直接影响到企业为顾客提供优质的服务上。

一般来说，企业服务承诺的设计需要经过下面三个步骤：

1. 选择服务承诺的类型

设计服务承诺，首先要选择服务承诺的类型。服务承诺的类型有两种，一种为完全承诺，另一种为具体承诺。

我们在酒店、餐厅通常会看到这样的提示“如果您有任何不满意的承诺，请……”，这种便为完全承诺，即承诺为客户提供全面、满意的服务。

但是，这样的服务承诺行为，并不提倡企业使用。因为，这种承诺的风险性较大，可能会被别有用心的顾客滥用，同时，由于服务提供者的差异性，会加大服务质量的不确定性。

企业经常使用的服务承诺为具体承诺，所谓具体承诺是把顾客最为关注的服务提出来，并加以承诺。这种承诺的风险性较低，而且因为其表现得较为具体，更容易吸引顾客。

2. 选择服务承诺的属性

选择服务承诺的属性，会影响到服务承诺的效果。在选择服务承诺属性时，企业需要关注顾客、竞争对手、企业员工、定标比超的对象这四个主体。

顾客：企业的服务承诺一定要从顾客的角度出发，对其最为关注的服务属性进行承诺。

竞争对手：企业服务承诺的制定要参考竞争对手的服务承诺内容，分析他们所做出的服务承诺的优势，然后再做出比竞争对手更好的服务承诺，从而更好地吸引顾客。比如，沃尔玛“胜人一筹”的服务承诺，就是考虑到竞争对手所做出的服务承诺的结果。

企业员工：服务承诺的设计不单是企业领导、某个部门的事情，而是全体员工的事情。企业在选择服务承诺的属性时，要考虑到全体员工，让全体员工参与到服务承诺的构思、设计、复审中来。

定标比超的对象：与最佳实践对象进行比较，也就是同行业做得比较优秀的企业，甚至是服务做得比较好的跨领域企业，将其作为学习、超越的对象。

3. 测度承诺成本和收益

最后，企业要测度服务承诺的成本和收益，以确保服务承诺的有效性。测度服务承诺的成本和收益是设计服务承诺环节中的重要一步，需要引起企业的重视。

那么，如何对服务承诺的成本和收益进行测度呢？一般来说，需要做到以下几个方面：

（1）测度服务承诺的成本。企业举办商业活动，获得利润是其根本目的。企业的每一个行为都要考虑成本问题，这样才能保证不亏本，并获得最大化利润。因此，从这方面来说，测度服务承诺的成本很有必要，关系到服务承诺的实施。

服务承诺的成本包括预期的承诺赔偿金额、服务承诺的宣传成本、服务员工的培训成本等。

在设计预期承诺的赔偿金额时，企业需要把服务量化，对顾客造成的损失量化，并把在一段时间内发生服务缺陷的数量以及实施承诺后绩效的改进等因素考虑在内。

另外，在计算服务承诺的成本时，还需要把宣传投入的资金算入在内，比如，广告、海报、公告、社交网络的投入等。

服务员工的培训成本，也要算入服务承诺的投入成本中，这里需要考虑所花费的人力、物力、所用的时间、员工的工资等。

企业在测度服务承诺的成本时，一定不要疏忽大意，要做到准确。

（2）测度服务承诺的收益。考虑到服务承诺投入的成本之后，还要测度企业服务承诺的收益。

服务承诺的收益包括以下几个方面：

①因为服务风险减少而吸引到新顾客；

②因为服务标准的明确，使服务质量得到提高，或者让服务问题减少；

③因为服务质量的改进，赢得客户忠诚度；

④直接收益。

企业在测度服务承诺的收益时，要将这四个方面考虑在内，并且力求精准。这对提高服务质量很重要。

这就是服务承诺的设计，只有做到这三个方面，才能做出完善的服务承诺设计，并让企业能够在实际行动中直接加以运用。

第 4 节　服务承诺的实施

企业设计好服务承诺之后，就要进入严格的实施阶段。这样，服务承诺设计才有意义，也才能在根本上提高企业的服务质量。

一般而言，服务承诺的实施要注意以下几个方面：

1. 在实施前提高员工的服务水平

企业在实施服务承诺之前，要努力提高员工的服务水平，以避免因为服务问题而承担高昂赔偿，使企业信誉度受损。为此，企业要对员工进行培训，努力提高员工的素质和修养，或对以往的服务问题进行补救。

一个员工服务水平的高低，会对服务承诺造成一定的影响。很多时候，顾客愿意接受和相信服务承诺，是因为宣布服务承诺的服务人员具有一定的亲和力和引导力，能够让顾客随着他的思路进行思考。

毕竟，很多企业为了吸引顾客，都会做出相应的服务承诺，顾客为什么非要选择相信你的服务承诺呢？这就需要服务人员拥有较高的服务水平。所以，企业在实施服务承诺前，一定要采取一定的措施，来提高服务人员的服务水平，务必让他们能够准确传达企业要传达给顾客的服务承诺内容。

2. 做好显性承诺和隐性承诺

在实施服务承诺的时候，企业要做好显性承诺和隐性承诺。

显性承诺是指明确向顾客表示的服务承诺，显性承诺可以更好地吸引顾客，打造自己的竞争优势。但是，企业也会因为兑现不了承诺而面临高额赔偿，增加服务承诺的成本。

隐性承诺即没有向顾客明确表示出来，而在内部执行的承诺。同显性承诺相比，隐性承诺虽然在一定程度上避免了赔偿现象的发生，但是并不容易吸引到顾客。

对于这两种承诺，企业可以选择其中一个，也可以将两者相结合，比如，在服务时间、服务项目上采用显性承诺，而在具体的赔偿金额上做隐性承诺。当企业对其服务不确定的时候，可以先采取显性承诺再采取隐性承诺。

3. 做好服务的赔偿和补救

企业在服务出现问题的时候，一定要做好赔偿和补救措施，这是挽回顾客和企业声誉的唯一手段。

如果企业做出的服务承诺，因为种种原因没有兑现，就要给予顾客之前所承诺的赔偿。赔偿的方式有全额退款、免费维修等，但是，企业也要在挽回顾客和企业声誉的同时，把损失降到最低。如果能够选择最低赔偿款，也能让顾客感到满意，就应该按照最低赔偿款来进行赔偿，不应为了显摆故意给予最高赔偿额。

如果企业在服务中出现失误，可以采取补救的方式，让顾客重获满意。研究表明，采取高效的补救措施让顾客重获满意，要比失误前的满意度更高。所以，在遇到服务承诺没有顺利兑现时，企业应及时采取补救方式，不应放任自流，那样会让顾客真正流失。

4. 避免顾客滥用服务承诺带来的风险

企业的服务承诺很可能会被别有用心的顾客滥用，从而产生营销风险。对于这个问题，企业一定要采取相关措施，比如将多次滥用服务承诺的顾客拉入黑名单，建立监控系统，聘请专业的法律顾问等，以减少企业的损失。

企业在进行服务承诺实施时，务必要做好这几个方面的工作，将风险降到最低，这样才能既保障顾客的利益，又不损害企业的利益。

第14章

第五步：用户参与

让用户参与产品的研制和销售，是目前市场中最热门的一种新型营销方式。这种方式不仅可以提升用户的参与感，还能为企业培养一批优质的拥护者，为企业的产品做免费宣传。

第1节　创造用户参与的条件

《消费者王朝》的作者普拉哈拉德曾经说过："公司中心"型创新方式已经消亡。相反，消费者正凭借独一无二的个人经历，在创造价值的过程中，发挥着越来越重要的作用。

用户参与感，在企业的经营中至关重要，它意味着消费需求发生了一次关键性的跃迁，消费需求第一次超出了产品本身，不再囿于产品的物化属性，更多延伸向了社会属性：今天买东西不再简单是"能干什么"，而是"我用它能做什么，能让我参与到什么样的新的体验进程中去"。

小米的创始人雷军，一直强调小米卖的不是手机而是贩卖梦想和参与感。这也正是雷军所说的：相信米粉、依靠米粉，从米粉中来，到米粉中去，这就是互联网思维，也是小米核心的竞争力。

因为，小米深知用户的支持对产品的重要性，一开始便积极创造不同的条件，以吸引更多的粉丝。比如，成立小米论坛并积极维护。目前，在小米论坛上一共有1000万注册会员，每一个等级的会员，都可以享受到不同的优惠。这就让该论坛上每天都有100万活跃用户。小米还让每一个用户都有权随时发表自己的观点，并积极采取好的建议，这让粉丝们非常有成就感，从而对小米更加支持。

另外，小米还开通了新浪微博，在微博上也有200多万粉丝，每一个粉丝都可以与小米的管理层直接进行互动交流；小米开通的QQ空间，其粉丝数也超过了1000万，每次刷朋友圈都能看到小米的各种最新信息；小米手机操作系统MIUI全球用户已经超过3000万，每一位都能把自己的使用感受反映给工程师，等等。

对于小米成功的秘诀，除了前期雷军总结的7字要诀“专注、极致、口碑、快”之外，还有就是最近雷军及小米联合创始人黎万强在多个场合反复强调的用户参与行为！他们一致认为，小米卖的不是手机而是贩卖梦想、贩卖参与。

让用户参与到手机的研发和制作以及销售中来，能够满足用户多方面的消费需求，参与的用户越多，对小米的推广就越有利。于是，小米就通过各种方式争取到更多粉丝的关注，才逐渐累积了数以万计的粉丝，并最终成为小米手机销售的主力军。

其实，无论是外界总结的粉丝经济、饥饿营销、期货策略、社交媒体，还是雷军的7字要诀“专注、极致、口碑、快”，最终都离不开四个字：用户参与。小米手机创造了让用户参与进来的条件，满足了用户对参与感的需求，才最终获得了成功。

在互联网时代，顾客对参与感的需求甚至超过了对产品的需求，因此，企业应该努力创造让用户参与的条件，争取让更多的用户可以参与到企业产品的研制和销售中来，而不是让顾客一直站在远处默默关注。参与感能够满足用户对未知领域的好奇心，随着不断深入了解企业和产品，也能加深他们对企业的感情，成为企业的忠诚用户。

因此，只要能够使用户参与进来，企业就要不惜花费大量人力、物力去创造这个条件。相信总有一天，企业能够从中获得巨大的收益。因为，这是一个由用户引领的消费时代，一个产品好不好，由用户说了算。

第 2 节　自媒体时代，用户参与的形式和方法

随着互联网的不断发展，出现了很多新型的传播媒介。而微博的出现，则让人们进入了另外一种媒介时代，即自媒体时代。

自媒体也就是个人媒体，在网络上，每个用户都可以利用微博，为自己或者自己想要宣传的内容做宣传。例如，一些某品牌的发烧友，在他们的自媒体上为这些品牌做宣传，大力宣扬该品牌如何好以及自己的使用感受等。

这种用户参与的形式与以往用户参与的形式大不相同，但是，也能够起到很好的宣传作用。如果企业能够争取到用户这种形式的参与，对企业产品的宣传将有很大的帮助。

因为，越来越多的用户几乎是成天泡在网上，将自己的日常生活公布到网上，通过这种方式，可以让更多的用户了解到发布者所发布的内

容，曝光度非常高。

那么，在自媒体时代，企业应该采取什么样的方法，才能让用户愿意参与到企业产品的研制和销售中，并通过自媒体来为企业做宣传呢？

首先，还是要了解用户的需求。只有了解用户真正需要什么，才能“对症下药”。如果用户只喜欢听音乐，你却非要给他推荐电影，用户怎么可能愿意接受呢？并且，在自媒体时代，用户的需求也跟以往有很大的不同。相比得到一些实物奖励，他们更愿意接受虚拟奖励，如微博会员是一种尊贵身份的标志，对于他们有更大的吸引力。

只有满足用户的需求，是让用户参与进来的第一步，也是非常重要的一步。如果在不了解用户需求的情况下，就贸然推荐，则很容易让他们产生反感，他们会以为是企业在做广告宣传。

如果出现这种情况，企业就有可能永久地失去这些用户了。毕竟，在自媒体时代，很多企业都在争取更多的用户，用户从不缺乏“去处”。因此，企业在不了解用户需求的情况下，一定不要贸然行事。

其次，选择一种能够让用户接受的方式，邀请用户参与其中，并让用户愿意在自己的自媒体上为企业做宣传。因为，不同的用户，所能接受的邀请方式也不尽相同，企业最好能够设计几种不同的邀请方式，以满足不同用户的需求。

如有些用户喜欢通过电话、短信的方式受邀，觉得这样是对他们的一种尊重。而有些用户则喜欢通过互联网的方式，认为这样更加方便、快捷等。总之，只要是用户乐意接受的，才能起到积极的作用。

企业只有掌握了用户喜欢参与的形式和方法，才能赢得用户的支持，因为，他们会觉得自己被尊重和被需要，从而对该企业产生巨大的好感。

第 3 节　用户参与的具体形式

有很多企业从产品设计到售后服务产业链上的多个环节，从来没有考虑过让用户参与进来，而是一直停留在生产什么就销售什么的传统思维模式上。它们没有做到像小米那样，制定多种多样的参与形式，让用户有机会参与其中，提出自己的体验感受。

这样传统的思维模式，势必会被这个时代所抛弃。因为，在互联网体验时代，用户从不缺少产品，他们反而更希望从产品上获得其他额外的价值体验，如参与感。

用户体验是一种纯主观的感受，是用户在接触产品或服务的整个过程中形成的综合体验。企业在策划用户参与的具体形式时，一定要注重细节，并且贯穿于每一个细节，还要让用户能够感知到这种细节，这种感知也要超出用户的预期，才能给用户带来惊喜。以下是用户参与的几种具体形式：

1. 让用户自主选择喜欢的参与形式

随着时代的不断发展，用户参与到企业产品研制中的形式越来越多，每个用户也都有自己偏爱的一种或几种形式，企业不妨让用户自主选择这些形式。让用户充分享受到自主选择的乐趣，才能让他们发挥出最大的力量。

用户在自主选择参与形式时，就会获得极大的满足感，比起强行邀请他们必须选择某种参与形式，自主选择参与形式能够加深用户对这次参与行为的体验感。

2. 以互联网为媒介的参与形式

在自媒体时代，用户通过互联网的方式，参与到企业产品的研制和销售中来，能起到更好的效果。如让用户参与到各种贴吧、论坛或微博的热聊中，为企业做相关的宣传，能够为企业聚集更多的人气。

以互联网为媒介的参与形式，是最直接、方便，也是最便宜的一种参与形式。不论是对于用户还是对于企业来说，都非常方便，且效果也更明显。

3. 线下与线上相结合的参与形式

除了线上的参与形式之外，企业还应让用户通过线下的方式参与进来。这样，通过面对面的交流，更能拉近企业与用户之间的距离，更方便为企业产品的销售作宣传。

通过线上和线下相结合的参与形式，能为企业吸引到更多的用户，也能加强用户与企业之间的情感。

在这三种参与形式中，企业都要注意用户参与的热情度如何，有哪些细节会让他们感到很开心或者不开心，再实施具体的方案来保持或改变这些细节，让用户能够以最饱满的热情参与进来。

毕竟，热情度是维系他们能够参与多长时间的“黏合物”，加上用户所接触的产品非常多，导致他们非常在意一些细节问题，如果在细节上处理不当，就会浇灭他们的热情。当用户对一个产品失去热情之后，也就不会再愿意参与其中了。

因此，企业应尽量多创造几种参与形式，让更多的用户参与进来，并加强细节上的处理，让用户始终保持对产品的热情度，从而获得更多用户的长久支持，这对产品的销售和企业的发展都有巨大的推动作用。

第 4 节　保持用户参与的策略

企业要构建用户的参与感，就要把做产品、做服务、做品牌、做销售的过程开放，让用户参与进来，建立一个可触碰、可拥有，和用户共同成长的品牌环境！满足了用户的参与感，才能让他们为企业做宣传，这是目前最有效的一种营销方式。

但是，维持用户的参与感却不那么容易。毕竟，很多企业为了提升用户的参与感不断做出努力，生怕某个环节出现问题，就很有可能导致一部分用户不再愿意参与其中。为此，我们可以通过这几个策略，来保持用户的参与度。

1. 保持产品制造方案的大众化

这里所说的产品制造方案的大众化，是指能够让用户普遍接受的研制产品的方案，尽量让更多的用户明白其中的内涵。这样，用户才可能愿意参与进来，并愿意一直关注。

而一些听起来让人觉得不明所以的产品制造方案，会让用户摸不着头脑，即使由于新鲜感而参与其中，也会在日后的频繁接触中感到厌烦。因为，这样的产品制造方案不被大多数人接受，人们讨论它的话题就会很少，也就容易被人们所遗忘。

2. 坚持消费社区群体化

利用互联网“人以群分”的自然淘洗特性，进行细分人群、精准定位，打造不同的社区环境，让不同用户可以在自己喜欢的社区环境中与企业进行互动、保持联系，使用户与企业在线上、线下都能保持充分的互动。

这样，能够加深群友之间的情感交流，也便于维系他们与产品之间的感情。

3. 坚持用户体验前置化

很多企业一直认为，产品的优劣，永远是决定用户是否愿意参与其中最重要的因素。但是，还有比这更重要的因素，那就是让用户从该产品中获得良好的使用体验。否则，产品做得再好，如果没有打动用户，没有形成良好的用户体验，也难以保持用户参与其中的热情。

每个用户都希望自己所用的产品是最好的，因此，在掌握了用户的这个心理需求之后，坚持用户体验前置化，就可以满足用户的这种需求，提升用户对企业的好感度。

总之，企业应根据实际情况，在不同的时期实施不同的策略，这样才能达到最好的效果。

很多企业不明白为什么要让用户参与到企业产品的研制以及销售的过程中来，以为这样只能起到简单的宣传产品的作用。其实不然，用户参与其中，最直接的目的确实是为了宣传企业的产品，但是，企业这么做的最终目的却不仅如此。

当越来越多的用户参与到企业产品的研制和销售的过程中之后，人们对该企业的产品就会越来越关注，赞扬和批评的声音也会增加。这就给了企业足够多的建议去改进自己的产品，从而让所研制的产品越来越契合用户的需求，也就能以此赢得更多用户的支持。

在互联网时代，大部分的产品质量都差不多，在这种情况下，一个产品的曝光度越高，也就越能引起用户的注意，从而变成明星产品。当企业拥有若干个明星产品之后，这个企业也就能在市场上长久立足，也为今后的发展奠定了坚实的基础。

因此，企业应积极主动地运用以上策略，保持用户的参与度，从线上到线下，从实物到虚拟物品，争取到每一个渠道的用户，让他们成为企业不断发展壮大的忠诚支持者。